T0129611

essentials

essentials liefern aktuelles Wissen in konzentrierter Form. Die Essenz dessen, worauf es als „State-of-the-Art" in der gegenwärtigen Fachdiskussion oder in der Praxis ankommt. *essentials* informieren schnell, unkompliziert und verständlich

- als Einführung in ein aktuelles Thema aus Ihrem Fachgebiet
- als Einstieg in ein für Sie noch unbekanntes Themenfeld
- als Einblick, um zum Thema mitreden zu können

Die Bücher in elektronischer und gedruckter Form bringen das Fachwissen von Springerautor*innen kompakt zur Darstellung. Sie sind besonders für die Nutzung als eBook auf Tablet-PCs, eBook-Readern und Smartphones geeignet. *essentials* sind Wissensbausteine aus den Wirtschafts-, Sozial- und Geisteswissenschaften, aus Technik und Naturwissenschaften sowie aus Medizin, Psychologie und Gesundheitsberufen. Von renommierten Autor*innen aller Springer-Verlagsmarken.

Michael Hans Gino Kraft · Oliver Christ ·
Lukas Scherer

Management der Kreislaufwirtschaft

Positionierung und Gestaltung
zirkulärer Unternehmen

Michael Hans Gino Kraft
OST – Ostschweizer Fachhochschule
IOL Institut für Organisation und
Leadership
St. Gallen, Schweiz

Oliver Christ
OST – Ostschweizer Fachhochschule
IOL Institut für Organisation und
Leadership
St. Gallen, Schweiz

Lukas Scherer
OST – Ostschweizer Fachhochschule
IOL Institut für Organisation und
Leadership
St. Gallen, Schweiz

ISSN 2197-6708   ISSN 2197-6716   (electronic)
essentials
ISBN 978-3-658-39224-6   ISBN 978-3-658-39225-3   (eBook)
https://doi.org/10.1007/978-3-658-39225-3

Die Deutsche Nationalbibliothek verzeichnet diese Publikation in der Deutschen Nationalbibliografie; detaillierte bibliografische Daten sind im Internet über http://dnb.d-nb.de abrufbar.

Planung/Lektorat: Ann-Kristin Wiegmann
Springer Gabler ist ein Imprint der eingetragenen Gesellschaft Springer Fachmedien Wiesbaden GmbH und ist ein Teil von Springer Nature.
Die Anschrift der Gesellschaft ist: Abraham-Lincoln-Str. 46, 65189 Wiesbaden, Germany

Was Sie in diesem *essential* finden können

- Überblickwissen zur betriebswirtschaftlichen Gestaltung von Kreislauforganisationen.
- Darstellung von zirkulären Geschäftsmodellen und strategischer Marktpositionierung.
- Ansätze zur Analyse der Wertschöpfung und zur Gestaltung des Kundennutzens in kreislaufwirtschaftlichen Unternehmen.
- Anhaltspunkte zur Orientierung in Richtung Kreislaufwirtschaft durch Good Practices.

Inhaltsverzeichnis

Über die Autoren

Prof. Dr. Oliver Christ ist Professor am Institut für Organisation & Leadership der Ostschweizerischen Fachhochschule und Leiter des Kompetenzzentrum für Organisation am Institut. Herr Prof. Dr. Christ verfügt über langjährige Expertise in der Organisations- und Branchenentwicklung (insb. im Bereich Digitalisierung der Land- und Ernährungswirtschaft).

Dr. Michael Hans Gino Kraft ist Dozent am Institut für Organisation & Leadership der Ostschweizerischen Fachhochschule und stellvertretender Leiter des Kompetenzzentrum für Qualität & Nachhaltigkeit am Institut. Herr Dr. Kraft verfügt über langjährige Expertise in der Organisationsberatung (insb. im Bereich Organisationsentwicklung und Nachhaltigkeit).

Prof. Dr. Lukas Scherer ist Professor und Leiter des Instituts für Organisation & Leadership an der Ostschweizerischen Fachhochschule. Herr Prof. Dr. Lukas Scherer verfügt über langjähriger Expertise in der Unternehmensentwicklung (insb. im Bereich Entrepreneurship und Qualitätsmanagement).

Kernproblem der linearen Ökonomie ist, dass die monodirektionale Nutzung endlicher Ressourcen die globalen Lebensgrundlagen verschlechtert und irreversible Auswirkungen auf Umwelt, Mensch und Tier hat. Vor diesem Hintergrund stellt die Kreislaufwirtschaft ein alternatives Wirtschaftsmodell dar, das durch die Schaffung geschlossener Kreisläufe den Material- und Energieeinsatz minimiert und somit eine Entkopplung zwischen Ressourcenverbrauch und Wirtschaftswachstum verspricht. Angetrieben durch politische Agenden, begrenzte Verfügbarkeit von Ressourcen und die sich ändernden Bedürfnisse und Anforderungen der Anspruchsgruppen, eröffnen sich für Unternehmen zunehmend Perspektiven in Richtung Kreislaufwirtschaft.

Nachhaltigkeit und Kreislaufwirtschaft sind in den letzten Jahren zu zentralen wirtschaftlichen Leitbegriffen avanciert, die beide auf scheinbar unausweichliche Transformationsdynamiken hinweisen. Nachhaltigkeit als eine Transformation, die angesichts unerwünschter negativer Effekte einer Lebens- und Wirtschaftsweise auf Ressourcenerhalt und generationale Gerechtigkeit zielt; Kreislaufwirtschaft als vielversprechendes alternatives Wirtschaftsmodell, bei dem die Rückgewinnung von Materialien und ihre Wiedereingliederung in den Wertschöpfungsprozess einen nachhaltigen Mehrwert für den Verbraucher, das Unternehmen oder die Gesellschaft erwarten lässt.

Demgegenüber wird die Linearwirtschaft kontrastiert, in der die heutige Produktions- und Konsumlogik vor allem in den hochindustrialisierten meist westlich geprägten Ländern nach dem Paradigma: produzieren, konsumieren, wegwerfen funktioniert. Während einerseits Ressourcen als produktive Inputfaktoren aus der natürlichen Umwelt entnommen werden, gelangen andererseits die aus Produktions- und Konsummustern resultierenden Abfälle als Output-Faktoren in die Umwelt zurück. Auf diese Weise werden nach Studienlage immer mehr Rohstoffe verbraucht, der Klimawandel weiter angeheizt, weltweite

Abfallmengen angehäuft und Umweltkosten externalisiert. Global betrachtet wurden 2021 rund 36,4 Mrd. Tonnen CO_2 in die Erdatmosphäre emittiert, wovon ca. 5 Mrd. t CO_2 aus der Europäischen Union stammen (Global Carbon Project, o. J.). Folgen wie Bodendegradation, Biodiversitätsverlust und Rohstoffknappheit führen bereits jetzt an vielerlei Orten zu einer Energie- bzw. Materialwende, die die Zukunftsfähigkeit dieser gegenwärtig prädominierenden Wirtschaftsweise zunehmend infrage stellen und die Diskussion um zukünftige Leitbilder in Wissenschaft und Wirtschaft intensiviert haben.

Zusammen mit diesen Entwicklungen wurden daher in den letzten Jahren hohe Erwartungen an die Gestaltung einer Kreislaufwirtschaft gestellt. Mit dem Übergang zu einer Kreislaufwirtschaft wird grundsätzlich das Ziel verfolgt, die Nutzung natürlicher Ressourcen zunehmend vom Wirtschaftswachstum zu entkoppeln und im Idealfall weniger Inputgrößen wie Primärrohstoffe im Produktionsprozess zu verbrauchen (Bening et al., 2019). Dieses Verständnis von ökologischer Effizienz basiert auf dem, von der Ellen MacArthur Foundation entwickelten, Circular Economy Model. Der Begriff Circular Economy, der in diesem *essential* als Synonym für die Kreislaufwirtschaft verwendet wird, behandelt das Thema im Vergleich zur rein deutschen Bedeutung ganzheitlich. Während der deutsche Begriff der Kreislaufwirtschaft Abfall als wertvollen Rohstoff in den Vordergrund stellt, verfolgt der Begriff Circular Economy einen systemischen Lösungsansatz, der darauf abzielt, Abfall innerhalb der unternehmerischen Wertschöpfung erst gar nicht entstehen zu lassen (Holzinger, 2020, S. 195 ff.). Insofern ist die Umsetzung der Kreislaufwirtschaft auch eine systemische Frage, die in einer wechselseitigen Beziehung zur Umwelt steht (Circular Economy Schwitzerland, o. J.).

Dieser Umstand hat nicht zuletzt dazu geführt, dass die Kreislaufwirtschaft nun auch im internationalen politischen Diskurs verankert ist und internationale Lösungsansätze verlangt. So ist das Konzept der Kreislaufwirtschaft bereits ein zentrales Element des Aktionsplans 2020 (Green Deal) der EU, um das beschriebene Ziel der Klimaneutralität bis 2050 zu erreichen. Die EU hat damit einen Leitfaden zur Transformation geschaffen, wobei sich die Maßnahmen vor allem auf ressourcenintensive Sektoren mit hohem Kreislaufpotenzial, wie Textilien, Elektronik und Kunststoffe, konzentrieren (Wachholz, 2020, S. 68 ff.). In diesem Zusammenhang sollen in den nächsten Jahren beispielsweise Design- oder Produktstandards für den Lebenszyklus von Produkten, für deren Reparierbarkeit und Wiederaufbereitung definiert und die Recyclingfähigkeit als Voraussetzung für den Marktzugang festgelegt werden. Durch diese und weitere politische Maßnahmen sollen dabei Anreize geschaffen werden, Materialien und Produkte so lange wie möglich im Wertschöpfungsprozess zu nutzen und weniger Abfallmengen hervorzubringen. Nach Berechnungen der EU-Kommission soll sich dieser veränderte wirtschaftliche Ansatz zudem positiv auf das Wirtschaftswachstum und die Schaffung von Arbeitsplätzen auswirken. Demnach könnte das Bruttoinlandsprodukt (BIP) der EU bis 2030 um weitere 0,5 % steigen und rund 700.000 neue Arbeitsplätze geschaffen werden (European Commission, 2020). Zusammenfassend lässt sich konstatieren, dass die Unternehmen neben der Politik und der Gesellschaft zu den wichtigsten Akteuren sich herauskristallisiert haben, um die ehrgeizigen politischen Ziele im Sinne der Nachhaltigkeit erreichen zu können.

Vor diesem Hintergrund wird eine strategische Verortung der Kreislaufwirtschaft für viele Unternehmen in Zukunft zunehmend an Bedeutung gewinnen (Circular Economy Switzerland, o. J.). Aus unternehmerischer Sicht sollte das Konzept den Spagat bewältigen, einerseits die externalisierten Umweltkosten zu reduzieren und andererseits die ökonomischen Determinanten zu erfüllen. Damit der Umstieg auf die Kreislaufwirtschaft gelingt, gilt die Entwicklung und organisatorische Verankerung neuer kreislauforientierter Geschäftsmodelle als ein zentraler Schlüssel zur Umsetzung. Historisch betrachtet, ist das Prinzip der Kreislaufwirtschaft nicht neu. Bereits in vorindustrieller Zeit befand sich das Wirtschaftssystem in einem Kreislauf von Ressourcen. Diese Epoche war vor allem durch den Einsatz menschlicher Arbeitskraft für die Produktion von Gütern und den Einsatz von Tieren gekennzeichnet. Abfälle und Rückstände blieben weitgehend in biologischen Kreisläufen, und Begriffe wie Müll oder Abfall tauchten erst im 20. Jahrhundert auf (Prieto-Sandoval et al., 2018). Erst seit der industriellen Revolution (etwa in der zweiten Hälfte des 18. Jahrhunderts) hat sich das globale Wirtschaftssystem in ein lineares Wirtschaftsmodell verwandelt und global verbreitet. Prieto-Sandoval et al. (2018) skizzieren daher, dass die Entwicklung der Gesellschaft hin zu einer Kreislaufwirtschaft in drei Hauptphasen unterteilt werden kann (siehe Abb. 1.1).

Linearität des Wirtschaftens

Die erste Stufe kennzeichnet eine klassisch lineare Wirtschaftsweise, die mit der industriellen Revolution und der zunehmenden Mechanisierung und Ressourcennachfrage für die Massenproduktion begann. Da dieser Prozess in vielen Teilen der Welt zu Wachstum und Prosperität geführt hat, ist dieser Ansatz in Zeiten der Globalisierung immer mehr verbreitet und populär geworden (Eisenreich et al., 2021). Zudem wurde diese Wirtschaftsweise durch die Tatsache verstärkt, dass in vielen Ländern Materialien im Vergleich zu den Kosten für menschliche Arbeit billig waren und externe Effekte, auch aus Wettbewerbsgründen, nicht berücksichtigt werden mussten. Folglich waren die Hersteller motiviert, Geschäftsmodelle und Technologien einzuführen, die auf einer extensiven Nutzung von Materialien und

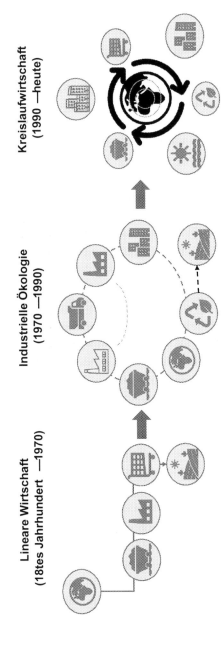

Abb. 1.1 Vergleich von Linearer, Industrieller Ökologie und Kreislaufwirtschaft (in Anlehnung an Prieto-Sandoval et al., 2018, S. 609)

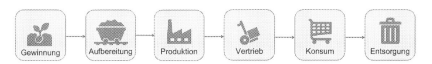

Abb. 1.2 Exemplarische Darstellung eins linearen Wirtschaftssystems. (Eigene Darstellung)

der Einsparung menschlicher Arbeitskraft basieren. Je mehr Energie und Material sie zur Ergänzung des Humankapitals einsetzten, desto mehr Wettbewerbsvorteile konnten die Unternehmen auf den immer materialintensiven Märkten erzielen (Luttenberger, 2020, S. 1 ff.).

Trotz der positiven Entwicklung hat diese zunehmende Wirtschaftslogik einem übermäßigen Ressourcenverbrauch und zu einer Anhäufung des globalen Abfalls geführt (Harder et al., 2020). Die Abb. 1.2 zeigt schematisch die Ressourcennutzung in einer linearen Wirtschaft, in der die Ressourcen letztlich im Abfall oder auf Deponien landen. Obwohl sich die Unternehmen der negativen Auswirkungen bewusst sind, floriert global betrachtet diese Produktionsmethode weiterhin, da die Rohstoffkosten aufgrund des Wettbewerbs niedrig sind und es weniger verbindliche Vorschriften und rechtliche Sanktionen gibt (Wilts, 2016). Das Weltwirtschaftsforum stellte jedoch bereits 2014 fest, dass das derzeit vorherrschende lineare Wirtschaftsmodell in Zukunft mit größerer Volatilität und Preisrisiken konfrontiert sein wird, was sich in höheren Rohstoffpreisen und Versorgungsunterbrechungen in der Wirtschaft niederschlägt. Infolgedessen werden die Potenziale zur Steigerung der Effizienz von Fertigungsprozessen sowie die daraus resultierenden Wettbewerbsvorteile in der linearen Wirtschaft in Zukunft abnehmen (Hanouz et al., 2014).

Am Beispiel der Kunststoffproduktion lassen sich die Grenzen linearer ökonomischer Methoden anhand sozialer Problemlagen skizzieren. So wurden beispielsweise lange Zeit nur bis zu 14 % der Plastikreste aus dem Plastikverbrauch recycelt und in den Produktionsprozess zurückgeführt, was bedeutet, dass es ohne Gegenmaßnahmen Schätzungen zufolge bis 2050 mehr Plastik als Fisch in den Ozeanen geben würde (Kaplan et al., 2014). Kunststoff gilt hier jedoch nur als ein Beispiel für die vielen negativen externen Effekte, denen Gesellschaften aufgrund einer lineare Wirtschaftsweise ausgesetzt sein würden.

Industrieökologie

Eine zweite Phase beginnt mit dem Aufkommen theoretischer und praktischer Initiativen zur Industrieökologie. Der Begriff „Industrieökologie" (Hawken et al., 2008) bezieht sich dabei auf einen umfassenden Wandel, der bereits in den frühen 1970er Jahren als „grüne industrielle Revolution" oder auch „Effizienzrevolution" (IEA, 2008) thematisiert wurde. In dieser Phase entstand das Interesse an einer grüneren Wirtschaft im Sinne von nachhaltigen Produktions- und Konsummustern. Ein zentraler Ansatz dabei ist die Nutzung von Produktionsabfällen als Ausgangsmaterial für andere Produktionsprozesse zu verwenden. Besonders deutlich wird dieses ökologische Verständnis in den Entwicklungen rund um die dritte industrielle Revolution, bei der die Rolle technologischer Erfindungen in Verbindung mit optimierten Produktionsprozessen im Vordergrund steht. Das Grundparadigma dieser Epoche lautet: Durch technische Innovationen, insbesondere in der Energieerzeugung und -anwendung, entfaltet sich eine Innovationsdynamik, die langfristig einen neuen nachhaltigen Gleichgewichtszustand ermöglicht.

Die daraus resultierenden wechselseitigen Impuls- und Multiplikationseffekte innerhalb der Branchen- und Unternehmen führen zu einem nachhaltigen Wirtschaftswachstum, Beschäftigung und einer umfassenden Modernisierung der Volkswirtschaften (Hawken et al., 2008). Kritisch anzumerken ist jedoch, dass diese Phase keine wesentliche Veränderung des linearen Systems bewirkt hat, da nur einzelne Aspekte recycelt und wiederverwendet werden. Ein weiteres Merkmal dieser Phase ist, dass die verwendeten und produzierten Materialien nicht immer recycelt werden können, sodass ihre endgültige Entsorgung bedeutet, dass erneut Energie für die Produktion aufgewendet werden muss. Abb. 1.3 zeigt schematisch die Phase der industriellen Ökologie, in der das Wirtschaftssystem Materialien recycelt und zur Wiederaufbereitung verwendet.

Zirkularität des Wirtschaftens

Aufgrund der skizzierten Problemstellungen ist die Suche nach einer neuen industriellen Geschäftspraktik begründet. So entstand Ende der 1990er Jahre die dritte Phase, in der es vor allem darum ging, industrielle Kreisläufe ganzheitlich zu schließen. Im Gegensatz zur Linearwirtschaft wird in der Kreislaufwirtschaft versucht, lineare Prozessketten in Kreisläufen zu gestalten, sodass eine längere und optimierte Nutzungsphase von Ressourcen ermöglicht wird.

Kern der Kreislaufwirtschaft ist das „Cradle-to-Cradle"-Prinzip. Dahinter steht nach Braungart und McDonough (2009) die Vorstellung von Stoffkonsistenz und damit der Weg zu geschlossenen Stoffkreisläufen. Nach dem Vorbild der Natur werden Materialien und Ressourcen dauerhaft im Kreislauf gehalten, um negative Umweltauswirkungen von Überproduktion und Abfall zu vermeiden und im Idealfall eine materielle Qualität beibehalten zu können. Die vollständige Abkehr von

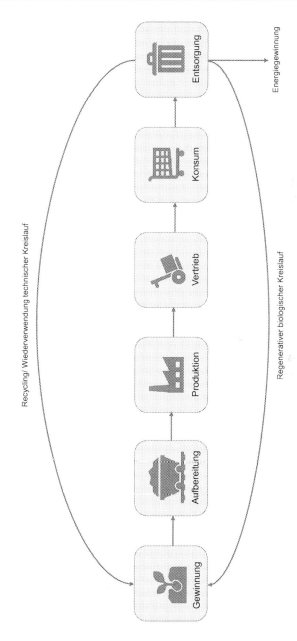

Abb. 1.3 Schematische Darstellung einer Industrieökologischen Wirtschaftsweise. (Eigene Darstellung)

fossilen Energieträgern und die Reduzierung des globalen Abfallvolumens sind weitere wesentliche Aspekte, die eine Kreislaufwirtschaft kennzeichnen sollten (Wilts, 2016). Grundsätzlich basiert die Kreislaufwirtschaft auf den „R-Innovationen" für Produkte und Materialien. Angefangen von „Reuse (Wiederverwenden)" und „Repair (Reparieren)" über „Refurbish (Wiederaufbereiten)" bis hin zu „Recycle" (Stahel, 2020). Die schematische Darstellung in Abb. 1.4 zeigt, dass die verschiedenen R-Maßnahmen die Nutzung und Lebensdauer erhöhen. Da das Recycling im Produktionsprozess die meiste Energie und natürliche Ressourcen wie Wasser benötigt, belasten Recyclingprozesse auch die Umwelt und werden daher als letzte Phase oder Möglichkeit in zirkulären Wertschöpfungsketten betrachtet. Daneben können „R-Innovationen" auch auf der Verbraucherseite durch die Beachtung und Sensibilisierung von „R-Regeln" im Umgang mit Produkten auf dem Weg zu einer funktionierenden Kreislaufwirtschaft unterstützt werden. Verbraucher sollten in diesem Zusammenhang viel stärker hinterfragen, ob ein geplanter Kauf wirklich notwendig ist (Rethink) und ob das Eigentum das Richtige für ihre Bedürfnisse ist. Wenn dies nicht der Fall ist, kann der Verzicht auf den Kauf (Refuse) auch Potenziale für Sharing-Modelle eröffnen oder den Verbrauch insgesamt reduzieren (Reduce) (Holzinger, 2020, S. 210 ff.).

Damit die Gestaltung und Umsetzung von R-Innovationen in zirkulären Wertschöpfungsketten gelingen kann, ist das Konzept nicht nur auf einzelne organisatorische Anforderungen ausgerichtet, sondern erfordert die Berücksichtigung und Übereinstimmung interorganisationaler Akteure. Nach Lewandowski erfordert ein reibungsloser Übergang von einem linearen zu einem zirkulären Geschäftsmodell drei wichtige Übereinstimmungen: 1) Abstimmung zwischen dem Wertangebot und den Kundensegmenten, 2) Kostenstruktur und Einnahmeströme und 3) die Fähigkeit zur Anpassung an Kreislaufgeschäftspraktiken. Die Konzeption erstreckt sich damit über die gesamte Wertschöpfungskette und umfasst alle Managementaktivitäten von der Planung und Steuerung bis zur Wiedereinführung von Materialien. Diese grundsätzliche Systematik zur Kreislaufwirtschaft wird dabei durch das Schmetterlingsmodell (Butterfly-Model) der Ellen MacArthur Foundation aufgegriffen und erläutert.

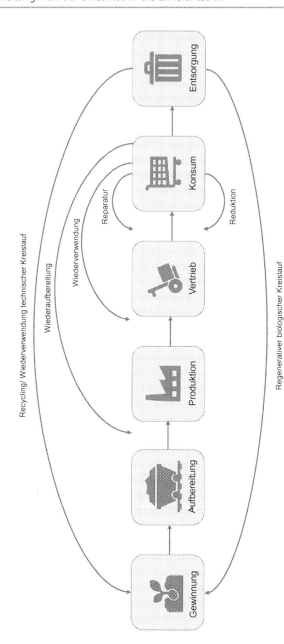

Abb. 1.4 Schematische Illustration der Kreislaufwirtschaft. (Eigene Darstellung)

Literatur

Bening, C. R., Blum, N. U., & Haupt, M. (2019). Eine nachhaltige Kreislaufwirtschaft ist mehrdimensional. Die Volkswirtschaft. https://dievolkswirtschaft.ch/de/2019/07/bening-08-09 2019/. Zugegriffen: 20. Juli 2022.

Braungart, M., & McDonough, W. (2009). *Cradle to cradle*. Random House.

Circular Economy Switzerland. (o. J.). Was ist Kreislaufwirtschaft? Circular Economy Switzerland. https://circular-economy-switzerland.ch/definition-kreislaufwirtschaft/. Zugegriffen: 11. Juli 2022.

Eisenreich, A., Füller, J., & Stuchtey, M. (2021). Open circular innovation: How companies can develop circular innovations in collaboration with stakeholders. *Sustainability, 13,* 1–23, 13456. https://doi.org/10.3390/su132313456.

Ellen MacArthur Foundation. (2015). Towards the circular economy: Economic and business rationale for an accelerated transition. https://emf.thirdlight.com/link/ip2fh05h21it-6nvypm/@/preview/1?o. Zugegriffen: 1. Juli 2022.

Ellen MacArthur Foundation. (o. J.). What is a circular economy? Ellen MacArthur Foundation. https://ellenmacarthurfoundation.org/topics/circular-economy-introduction/overview. Zugegriffen: 3. Juli 2022.

European Commission. (2020). Changing how we produce and consume: New circular economy action plan shows the way to a climate-neutral, competitive economy of empowered consumers. European Commission. https://ec.europa.eu/commission/presscorner/detail/de/IP_20_420. Zugegriffen: 10. Juli 2020.

Global Carbon Project. (o. J.). Global carbon atlas. Global Carbon Project. http://www.globalcarbonatlas.org/en/CO2-emissions. Zugegriffen: 20. Juli 2022.

Hanouz, M. D., Geiger, T., & Doherty, S. (2014). The global enabling trade report 2014. In World Economic Forum (WEF). WEF_GlobalEnablingTrade_Report_2014.pdf (weforum.org). Zugegriffen: 3. Juli 2022.

Harder, D. L., Frecè, J. T., & Brechbühler Pešková, M. (2020). Geplante Obsoleszenz im Geschäftsmodell sozialer Innovationen. In Butzer-Strothmann, K. & Ahlers, F. (Hrsg.), *Integrierte nachhaltige Unternehmensführung* (S. 197–216). Springer Gabler.

Hawken, P., Lovins, A. B., & Lovins, L. H. (2008). Natural capitalism – The next industrial revolution. *Earthscan*. https://doi.org/10.4324/9781315065755. Zugegriffen: 1. Juli 2022.

Holzinger, H. (2020). Mehr Effizienz allein reicht nicht. In S. Eisenriegler (Hrsg.), *Kreislaufwirtschaft in der EU. Eine Zwischenbilanz* (1. Aufl., S. 195–216). Springer Fachmedien Wiesbaden. https://doi.org/10.1007/978-3-658-27379-8_13.

International Energy Agency (IEA). (2008). Energy technology perspectives 2008 – Scenarios and Strategies to 2050. International energy agency. https://iea.blob.core.windows.net/assets/0e190efb-daec-4116-9ff7ea097f649a77/etp2008.pdf. Zugegriffen: 1. Aug. 2022.

Kaplan, D. M., Chassot, E., Amandé, J. M., Dueri, S., Demarcq, H., Dagorn, L., & Fonteneau, A. (2014). Spatial management of Indian Ocean tropical tuna fisheries: Potential and perspectives. *ICES Journal of Marine Science, 71*(7), 1728–1749. https://doi.org/10.1093/icesjms/fst233.

Luttenberger, L. R. (2020). Waste management challenges in transition to circular economy–case of Croatia. *Journal of Cleaner production, 256,* 120495. https://doi.org/10.1016/j.jcl epro.2020.120495.

Prieto-Sandoval, V., Jaca, C., & Ormazabal, M. (2018). Towards a consensus on the circular economy. *Journal of Cleaner Production, 179,* 605–615. https://doi.org/10.1016/j.jclepro.2017.12.224.

Stahel, W. (2020). Warum ein Haushalten in Kreisläufen unsere Wirtschaft revolutionieren könnte. *Kreislaufwirtschaft in der EU* (S. 9–21). Springer Gabler.

Wachholz, C. (2020). Wird uns die zirkuläre Wirtschaftspolitik der EU zu einer nachhaltigen Entwicklung führen? In S. Eisenriegler (Hrsg.), *Kreislaufwirtschaft in der EU. Eine Zwischenbilanz* (1. Aufl., S. 67–77). Springer Fachmedien Wiesbaden. https://doi.org/10.1007/978-3-658-27379-8_13.

Walcher, D., & Leube, M. (2017). *Kreislaufwirtschaft in Design und Produktmanagement: Co-Creation im Zentrum der zirkulären Wertschöpfung.* Springer Fachmedien Wiesbaden. https://doi.org/10.1007/978-3-65818512-1.

Wilts, H. (2016). Deutschland auf dem Weg in die Kreislaufwirtschaft? Bonn: FriedrichEbert-Stiftung, Abteilung Wirtschafts- und Sozialpolitik (WISO Diskurs, 2016). https://library.fes.de/pdffiles/wiso/12576.pdf. Zugegriffen: 3. Juli 2022.

In der Branchenperspektive werden die Wertschöpfungslogik und die sich daraus erge-benden Potentiale für die Umstellung linearer Wertschöpfungsnetzwerke zu zirkulären Systemen betrachtet. Die natürlichen, technischen und ökonomischen Rahmenbe-dingungen der einzelnen Branchen und Subbranchen ergeben sehr unterschiedliche Möglichkeiten für die Circular Economy und bilden den Einstieg in die weiterführenden Phasen der Geschäftsmodell- und Organisationsentwicklung.

Das Konzept der Kreislaufwirtschaft kann auf verschiedenen Ebenen beschrieben und gestaltet werden. Del Río et al. (2021) schlagen einen systemischen Ansatz vor, der die drei Ebenen Mikro-, Meso-, und Makroebene differenziert. Die Mikro-Ebene beinhaltet Produkte, Unternehmen und Konsumenten. Die Meso-Ebene umfasst Netzwerke von Unternehmen (z. B. Industrieparks oder grünes Lieferkettenmanagement) und auf der Makro-Ebene werden Städte, Regionen oder auch Länder beschrieben und analysiert. Im Idealfall sind Strategien und Maßnahmen auf allen drei Ebenen so aufeinander abgestimmt, dass deren Zusam-menspiel die Zirkularität verstärkt und die Potentiale der Kreislaufwirtschaft umfassend verwirklicht werden können (del Río et al., 2021). In der Realität ist es jedoch insbesondere aufgrund der unterschiedlichen Entscheidungs- und Umsetzungsgeschwindigkeiten und Gestaltungsmöglichkeiten auf den verschie-denen Ebenen sehr schwer, diese gleichzeitig zu planen, umzusetzen und zu steuern.

Im Folgenden sollen hauptsächlich die unternehmerischen Gestaltungsmög-lichkeiten auf der Mikroebene beschrieben werden und der Fokus auf der Analyse und Gestaltung von Prozessen und Produkten einzelner Unternehmen liegen, die in Kooperation den Verlauf und die Intensität der Stoff- und Materialströme inner-halb spezifischer Produktionsketten bestimmen können. Dabei werden bei Bedarf die notwendigen Maßnahmen der anderen Ebenen berücksichtigt. Das von der Ellen MacArthur Foundation entwickelte Butterfly Modell bietet einen ersten,

© Der/die Autor(en), exklusiv lizenziert an Springer Fachmedien Wiesbaden GmbH, ein Teil von Springer Nature 2022
M. H. G. Kraft et al., *Management der Kreislaufwirtschaft*, essentials, https://doi.org/10.1007/978-3-658-39225-3_2

übergeordneten Analyserahmen für das Verständnis der in einer Branche bzw. Produktlinie entstehenden Stoff- und Materialströme sowie der Ableitung möglicher Maßnahmen zur Umgestaltung linearer Produktionsverläufe zu schrittweisen zirkulären Verlaufsformen (Ellen MacArthur Foundation, 2012, S. 24).

Das Butterfly-Modell teilt sich basierend auf den zwei grundlegend verschiedenen Materialtypen einerseits in einen biologischen und andererseits in einen technischen Kreislauf auf (siehe Abb. 2.1; jeder Schmetterlingsflügel steht für einen Kreislauf). Der technische Kreislauf besteht hauptsächlich aus Gebrauchsgütern, die meist aus Materialien bestehen, die nicht rein biologisch abbaubar sind, zum Teil nur selten vorkommen und zudem einen finanziellen Wert besitzen. Der biologische Kreislauf besteht aus biologisch abbaubaren Materialien wie zum Beispiel Lebensmittel, aber auch Pflanzenbestandteile wie Holz (Ellen MacArthur Foundation, 2012, S. 24). Anhand dieses Modells wird deutlich, dass die Kreislaufwirtschaft ein ganzheitlicher Ansatz ist, in die zentralen Prinzipien der Kreislaufwirtschaft integriert sind: Kreislauffähigkeit bei der Materialienwahl, Nutzungsverlängerung im Produktdesign, erneuerbare Energie & Energieeffizienz (Ellen MacArthur Foundation, 2012, S. 7; Circular Hub, 2022).

Die grundlegende Unterscheidung in diese beiden Arten von Zirkeln bedingt unterschiedliche Ziele, welche im Rahmen einer Circular Economy verfolgt werden: beim technischen Zirkel (vorwiegend Gebrauchsgüter) ist es von fundamentaler Bedeutung, die Rohstoffe und Materialien möglichst lange im Kreislauf (also idealerweise im Produkt selbst) zu halten, durch verschiedene Formen der Wiederaufbereitung weiterhin nutzen zu können und möglichst nicht in die ökologische Umwelt gelangen zu lassen. Der biologische Zirkel nimmt eine andere Perspektive ein. Das Roh-Material befindet sich bereits seit Millionen von Jahren in ökologischen Kreisläufen. Zu diesem Zirkel gehören viele Verbrauchsgüter, bestehend aus ungiftigen Nährstoffen, die durch den Verbrauch entweder direkt oder stufenförmig in die Biosphäre zurück gelangen und damit der Grundidee zirkulären Wirtschaftens entsprechen (Ellen MacArthur Foundation, 2012, S. 22 ff.).

Einen fundamentalen Einfluss auf die Verlaufsform der Stoff- und Warenströme sowie die Gestaltungsspielräume hinsichtlich der Neuorganisation einer Circular Economy ergeben sich in den frühen Phasen der Produkt- und Dienstleistungserstellung, insbesondere dem Produktdesign (Circular Hub, 2022). Damit entscheidet sich schon früh, ob Produkte von Langlebigkeit geprägt sind und ob sie bei Abnutzung oder Beschädigung nicht sofort als Abfall enden, z. B. aufgrund mangelnder Ersatzteile. Produkte sollten daher modular und zerlegbar entwickelt werden, damit eine Reverslogik frühzeitig eingeplant werden kann.

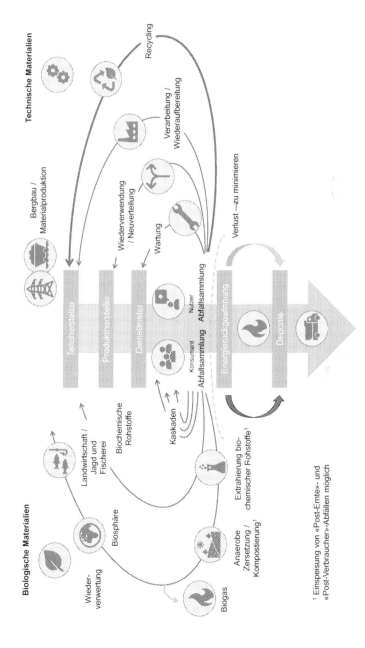

Abb. 2.1 Butterfly Modell der Ellen MacArthur Foundation (in Anlehnung an Ellen MacArthur Foundation, 2012)

Durch das Produktdesign werden dabei Fragen zur Nutzungsdauer, Wiederverwendbarkeit und Regeneration beantwortet (Deloitte/BDI, 2021).

Einzelne Unternehmen agieren gemeinsam mit ihren Partnern und Kunden in beiden Kreisläufen, je nach Branche, Produktkategorie und regionalen Rahmenbedingungen jedoch auf sehr verschiedene Weise und Intensität. Daraus ergeben sich für die einzelnen Branchen und Unternehmen innerhalb einer Branche sehr unterschiedliche Möglichkeiten, ihre Produkt- und Materialflüsse schrittweise oder radikal zirkulär zu gestalten. Für die Identifikation und Priorisierung der linearen Defizite und der verschiedenen Zirkularitätspotentiale sowie für die konkrete Gestaltung zirkulärer Maßnahmen ist die Analyse der Wertschöpfungslogik innerhalb einer Branche (z. B. Textilindustrie) beziehungsweise Subbranche (z. B. Kleidungsindustrie) sowie der Rahmenbedingungen (natürliche Bedingungen und Grenzen, Regularien, Produktionsbedingungen, Entwicklungstendenzen, Kundenerwartungen) relevant.

Traditionell bezieht sich das Konzept der Wertschöpfungskette auf einzelne, voneinander abgegrenzte Unternehmen. Dabei werden in einem ersten Schritt die Prozesse beschrieben, die für die Erstellung der Produkte oder Dienstleistungen und damit des Kundenversprechens unmittelbar benötigt werden. Betrachtet man die Material -und Stoffströme über den Produktlebenszyklus innerhalb einer Branche, wie dies im Butterfly Modell angelegt ist, benötigt man eine erweiterte Wertschöpfungsperspektive. Hier bietet sich die Erweiterung des Konzeptes der Wertschöpfungskette zu einem integralen Wertschöpfungsnetzwerk an, in dem alle am Produktlebenszyklus beteiligten Akteure und deren Kernprozesse bzw. Funktion beschrieben und analysiert werden können (Bach et al., 2017).

Eine einfache, linear ausgelegte Wertschöpfungskette der Land -und Ernährungswirtschaft ist exemplarisch in Abb. 2.2 dargestellt und enthält die idealtypischen Prozesse, die bis zur Erzeugung des Wertversprechens auf Kundenseite benötigt werden. Dabei werden in einem ersten Schritt diejenigen Kernprozesse ausgewählt, die für die Produktion von Lebensmitteln benötigt werden, unabhängig davon, welche Unternehmen in welcher Rolle diese notwendigen Wertschöpfungsaktivitäten übernehmen. Auch in dieser erweiterten Perspektive bleibt das grundlegend lineare Modell bestehen.

Im Butterfly-Modell werden vier Grundprinzipien für die Gestaltung zirkulärer Wertschöpfungssysteme vorgeschlagen, die eine starke ökonomische und ökologische Wirkung mit sich bringen (siehe Abb. 2.3). Das erste Grundprinzip besagt, dass die Rentabilität und die Ressourceneffizienz steigen, je kleiner der Kreislauf innerhalb des Produktlebenszyklus und innerhalb einer Region ist (siehe Abb. 2.3). So ist ein geringerer Ressourcen- und Energiebedarf für

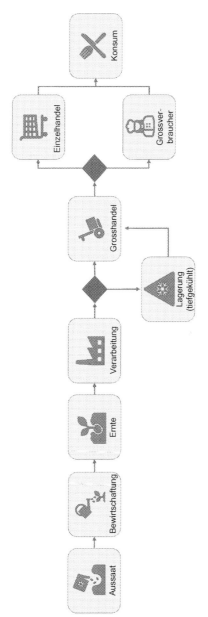

Abb. 2.2 Lineare Wertschöpfungskette der Land- und Ernährungswirtschaft. (Eigene Darstellung)

die inneren Kreise (Produktwiederverwendung, Wiederaufbereitung und Aufarbeitung) erforderlich als beispielsweise für das konventionelle Recyceln von Materialien, welche in dieser späten Phase zu den minderwertigen Rohstoffen zählen. (del Río et al., 2021) Weitere Hebel ergeben sich durch die Verlängerung der Nutzungsdauer von Produkten und Materialien (z. B. durch Reparaturen oder Überholung/Erneuerung von Ersatzteilen), die kaskadierte Nutzung von Produkten und Komponenten (z. B. durch Verwendung von Stoffresten aus der Kleidungsindustrie in der Möbel- oder Bauindustrie) sowie die Verwendung nicht-toxischer, dem biologischen Kreislauf zugehöriger Rohstoffe und Materialien (Ellen MacArthur Foundation, 2012, S. 7).

Diese übergeordneten Gestaltungsprinzipien sollten bei der Umgestaltung des Wertschöpfungssystems grundsätzlich berücksichtigt und im Wertschöpfungs- und Organisationsdesign auf die branchen- und regionalspezifische Situation adaptiert werden. Die Umstellung linearer Wertschöpfungsnetzwerke zur zirkulären Wertschöpfung lässt sich auf vielfältige Weise erzielen. Die dazu möglichen und erforderlichen Strategien und Maßnahmen werden seit längerem in Klassen unterteilt deren Bezeichnung mit der Vorsilbe Re- beginnt und die sich jeweils hinsichtlich ihres Anwendungsbereiches und der Effektivität bezogen auf die Idee der Circular Economy unterteilt werden. Im Folgenden soll das bisher umfangreichste R-Modell zur Analyse und späterer Zielableitung verwendet werden, dass 10 verschiedene R-Strategien umfasst, die in die 3 Dimensionen differenziert werden (siehe Abb. 2.4).

Das weiterentwickelte 10R-Framework (Morseletto, 2020, S. 3 ff.) ist in drei Gruppen mit unterschiedlichen Zielen kategorisiert, auf welche sich die zehn R-Strategien (R0 bis R9) beziehen. Die Herleitung des 10R-Modells erfolgt von unten nach oben (R9 bis R0), da diese Aufstellung hierarchisch zu interpretieren ist (Kirchherr et al., 2017, S. 228).

Strategien der Dimension „nützliche Anwendung von Materialien" haben den geringsten Einfluss auf die Zirkularität, sind eher dem linearen Wirtschaften zuzuordnen und sollten, da sie Produkte und Teile mit hohen Umweltbelastungen transformieren und dabei aus ihrem Funktionszusammenhang lösen, weitgehend vermieden werden. Die zweite Gruppe, „verlängerte Lebensdauer der Produkte und Teile", umfasst Strategien, welche es ermöglichen, Produkte und Teile so lange wie möglich innerhalb der Branchen-Wertschöpfung oder sogar branchenübergreifend zirkulieren zu lassen. Dies kann innerhalb eines Unternehmens, z. B. durch Reparaturservices, einer Branche aber auch branchenübergreifend, zum Beispiel Nutzung von Automobilbatterien zur Speicherung erneuerbarer Energien geschehen. Die letzte Gruppe mit dem größten Zirkularitätpotential betrifft

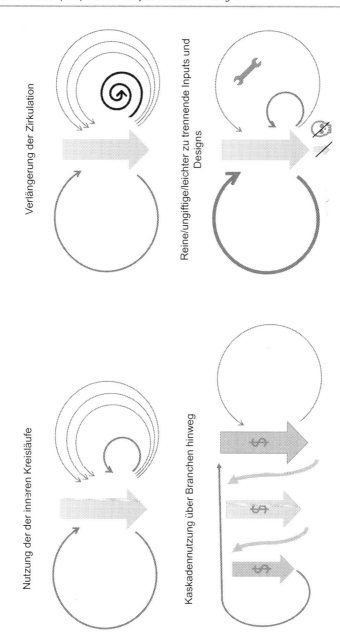

Abb. 2.3 Grundprinzipien der Circular Economy (Ellen MacArthur Foundation, 2012)

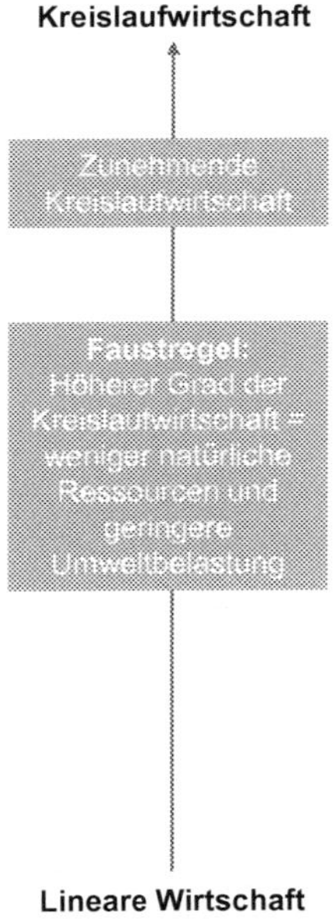

Strategien

		Beschreibung
Intelligentere Produktnutzung und -herstellung	R0: Refuse	Ein Produkt überflüssig machen, indem seine Funktion aufgegeben wird oder indem dieselbe Funktion mit einem völlig anderen Produkt angeboten wird.
	R1: Rethink	Intensivierung der Produktnutzung (z. B. durch gemeinsame Nutzung von Produkten oder durch die Vermarktung von Multifunktionsprodukten)
	R2: Reduce	Steigerung der Effizienz bei der Produktherstellung oder -verwendung durch geringeren Verbrauch von natürlichen Ressourcen und Materialien.
Verlängern Sie die Lebensdauer des Produkts und seiner Teile	R3: Re-use	Wiederverwendung eines ausrangierten Produkts, das noch in gutem Zustand ist und seine ursprüngliche Funktion erfüllt, durch einen anderen Verbraucher.
	R4: Repair	Reparatur und Wartung eines defekten Produkts, damit es mit seiner ursprünglichen Funktion verwendet werden kann.
	R5: Refurbish	Ein altes Produkt wiederherstellen und es auf den neuesten Stand bringen.
	R6: Remanufacture	Verwendung von Teilen eines ausrangierten Produkts in einem neuen Produkt mit der gleichen Funktion.
	R7: Repurpose	Verwendung des ausrangierten Produkts oder seiner Teile in einem neuen Produkt mit einer anderen Funktion.
Nützliche Anwendung von Materialien	R8: Recycle	Verarbeitung von Materialien, um die gleiche (hochwertige) oder eine niedrigere (minderwertige) Qualität zu erhalten.
	R9: Recover	Verbrennung von Materialien mit Energierückgewinnung.

Kreislaufwirtschaft ←

Zunehmende Kreislaufwirtschaft

Faustregel: Höherer Grad der Kreislaufwirtschaft = weniger natürliche Ressourcen und geringere Umweltbelastung

Lineare Wirtschaft

Abb. 2.4 Das R10-Modell mit Beschreibung der drei Gruppen von Zielen (in Anlehnung an Kirchherr et al., 2017; Morseletto, 2020)

die Nutzung der Produkte und kann durch smartes Produkt oder Prozessdesign als die radikalste Möglichkeit angesehen werden.

Branchenspezifische Möglichkeiten zirkulärer Wertschöpfungsgestaltung
Im Folgenden sollen vereinfacht die Möglichkeiten einer zirkulären Wertschöpfung anhand einer stark im biologischen Kreislauf operierenden Branche (Land und Ernährungswirtschaft) sowie einer weitgehend in dem technischen Kreislauf des Modells operierenden Branche in (Textilbranche) aufgezeigt werden. Beide Branchen werden exemplarisch beleuchtet und zeigen Gestaltungsmöglichkeiten der schrittweisen Umstellung linearer Wertschöpfungsketten auf zirkuläres Wirtschaften auf.

a) Land- und Ernährungswirtschaft
Die Prozesse der Land- und Ernährungswirtschaft erzeugen Verbrauchgüter, deren Restbestände (Abfälle, nicht genutzte Pflanzenteile, Nebenprodukte) in den einzelnen Prozessen und spätestens nach dem Verbrauch zum Großteil wieder den biologischen Kreisläufen zugefügt werden können. In der Produktion (Bewirtschaftung) und Verarbeitung der Produkte werden einerseits natürliche Ressourcen (Wasser, Humus) verbraucht und andererseits technisch erzeugte und belastende Ressourcen wie Düngemittel oder Pflanzenschutzmittel eingesetzt, welche nicht direkt in den biologischen Kreislauf überführt werden können. Für diese Branche ergeben sich insbesondere drei Klassen von Zirkularitätspotentialen (siehe Abb. 2.5):

1. Reduktion des Ressourcenverbrauchs und Vermeidung von Materialien durch intelligentes Prozessdesign
   Die drei in den verschiedenen Prozessphasen verbrauchten Ressourcenarten Wasser, Energie und Pflanzenschutz-/Düngemittel lassen sich durch eine Veränderung der Prozesse reduzieren. Ziel ist generell eine Vermeidung der Ressourcen unter Berücksichtigung der natürlichen und ökonomischen Rahmenbedingungen. Ferner können Materialien, die nicht benötigt werden, vollständig eliminiert oder für andere Zwecke, wie z. B. Verpackungen, wiederverwendet werden.
   Auf der Ebene der Wertschöpfungsanalyse sollten die einzelnen Prozesse und Aufgaben identifiziert und das Sparpotential beschrieben werden. Im Rahmen des vertieften Prozess- und Zieldesigns können dann die Prozesse so angepasst werden, dass die Reduktion des Ressourcenverbrauchs unter Berücksichtigung anderer Faktoren (Qualität, Kosten) wirksam erfolgen kann.
2. Reduktion von Abfällen durch Umnutzung oder Vermeidung

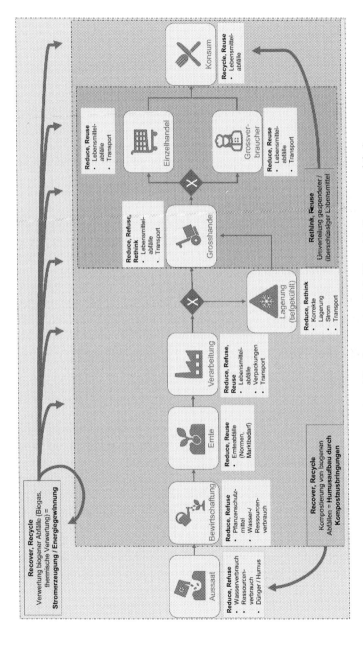

Abb. 2.5 Circular Economy Potentiale der Land- und Ernährungswirtschaft (Wertschöpfungs-perspektive)

Während die Abfälle im technischen Kreislauf (z. B. Verpackungsmaterialien, Paletten) im Idealfall komplett vermieden oder so lange wie möglich zirkulieren sollten, können die Abfälle des biologischen Kreislaufs durch gezielte Abläufe so intensiv wie möglich in den biologischen Kreislauf überführt werden (z. B. Kompostierung). Weitere Potentiale ergeben sich durch die Umnutzung von Nebenströmen der Produktion, z. B. die Vermarktung von Molkeprodukten (Nebenprodukt der Milchindustrie) als Molke-Getränk oder die Produktion von Verpackungsmaterialien aus Molke.

3. Vermeidung ungenutzter Lebensmittel durch integrierte Planung und Steuerung

Durch integrierte, wertschöpfungsübergreifende Planungs- und Steuerungsprozesse und frühzeitige Kommunikation und Berechnung der zukünftigen Nachfrage lassen sich Überproduktionen vermeiden oder frühzeitig kanalisieren, z. B. durch Preisnachlässe, Fabrikverkäufe oder die preisreduzierte Verteilung der Produkte über Plattformen wie togoodtogo[1]. Durch prädiktive Analysen können die zukünftigen Verkaufsdaten aufgrund der vergangenen Verkäufe unter Berücksichtigung aktueller Trends und Ereignisse (z. B. Temperaturentwicklung, Sportereignisse, Dorffeste, Ferienzeiten) berechnet und damit Food Waste bereits in der Entstehungsphase verhindert werden. Voraussetzung sind integrierte Kooperationsprozesse zwischen den an der Wertschöpfung beteiligten Akteuren sowie Kennzahlen zur Steuerung der Produktion und Verteilung.

b) Textilwirtschaft

Die Prozesse der Textilwirtschaft bewegen sich überwiegend im technischen Kreislauf des Butterfly-Modells. Natürliche und technische Rohstoffe und Materialien werden durch umweltbelastende Produktions- und Distributionsprozesse verarbeitet und zum Großteil in nicht im biologischen Kreislauf verwend- und abbaubarer Produkte überführt. Aufgrund dieser Ausgangslage ergeben sich im Vergleich zur Land- und Ernährungswirtschaft unterschiedliche Möglichkeiten der zirkulären Gestaltung der Wertschöpfung. Das primäre Ziel der Umgestaltung dieser Industrie aus Kreislaufsicht sollte eine ressourcenschonende Produktion und Verteilung der Produkte bei möglicher Reduktion der Nachfrage (z. B. durch modulare, neu kombinierbare Kleidungskonzepte) sein. Daher bestehen große Hebel in der Gestaltung der Produkte sowie in der Entwicklung neuer Geschäftsmodelle, welche auch unter Bedingungen reduzierter Nachfrage ökonomisch tragfähig sind (siehe Fallbeispiel Solve). Für die Gestaltung der Wertschöpfungsprozesse ergeben sich insbesondere die folgenden Potentiale für die Textilindustrie:

---

[1] Togoodtogo: Abrufbar unter: http://toogoodtogo.de.

1. Vermeidung von Abfällen und Umweltbelastungen durch intelligentes Produktdesign

   Im Idealfall verzichtet die Industrie auf toxische bzw. umweltbelastende Materialien oder sogar auf die Produktion neuer Produkte, z. B. durch ein nachhaltiges Produktdesign. Die Verwendung umweltfreundlicher Materialien, z. B. Nebenprodukte aus der Lebensmittelindustrie (Pflanzenfasern), die Erhöhung des Anteiles wiederaufbereiteter Stoffe oder ein modulares Produktdesign bieten Möglichkeiten, Abfälle und Umweltbelastungen zu vermeiden. Im Gegensatz zur Lebensmittel-Industrie liegen in dieser Branche starke Möglichkeiten in den frühen Prozessen, insb. im Produktdesign (s. Fallbeispiel Solve).

2. Reduktion des Ressourcenverbrauchs durch engere Prozesszyklen

   Durch die Verengung der Prozesszyklen, z. B. durch regionale, integrierte Produktion und Distribution oder durch die direkte Integration reparierter Komponenten in die Produktions- und Wartungsprozesse (s. Fallbeispiel Renault) lässt sich der Ressourcen- und Materialverbrauch drastisch reduzieren. Durch regionale Wertschöpfungsnetzwerke können Transportwege und der damit verbundene Energieverbrauch reduziert und die aufbereiteten Komponenten optimal in die lokalen Prozesse integriert werden.

3. Verlängerung der Zirkulationsdauer von Produkten und Materialien durch kaskadierende Produktnutzung

   Im Gegensatz zur Produktion von Verbrauchsgütern, wie der Produkte der Land- und Ernährungswirtschaft, lassen sich die Endprodukte und Komponenten der Textilindustrie kaskadierend nutzen, was deren Lebensdauer drastisch erhöhen kann. Damit werden die Produkte wesentlich länger im Kreislauf gehalten und stufenweise verschiedenen Nutzungen überführt. Das Beispiel aus Abb. 2.6 zeigt die kaskadierende Nutzung von Textilien in der Kleidungsindustrie (1), der Möbelindustrie (2) sowie als Dämmmaterialien in der Bauindustrie (3). Die kaskadierende Nutzung setzt nicht nur eine integrierte Planung und Steuerung innerhalb einer Branche, sondern branchenübergreifende Prozesse, Kooperationen und neue Geschäftsmodelle (z. B. Verteilungsplattformen) voraus.

Die beiden sehr verschiedenen Branchenlogiken zeigen die Möglichkeiten evolutionärer Umgestaltung der linearen Branchenwertschöpfung zu zirkulären Ansätzen auf. Nicht in allen Fällen können die Ideale einer Circular Economy vollständig und zeitnah erzielt werden. Abhängig von den natürlichen Bedingungen, dem Stand der Technologien sowie der Verfügbarkeit von Märkten und Akteuren sowie übergreifenden Steuerungsmodellen lassen sich verschiedene Zirkularitätsgrade erreichen, die durch das 10R Modell vorstrukturiert werden. World Economic Forum (2014)

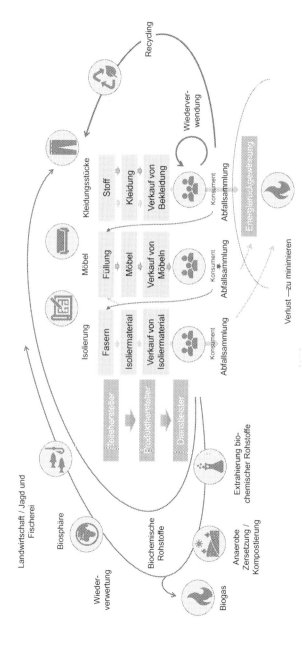

Abb. 2.6 Kaskadierende Materialnutzung in technisch orientierten Wertschöpfungen am Beispiel der Textilindustrie (in Anlehnung an Ellen MacArthur Foundation, 2012)

schlagen die folgenden Archetypen, d. h. Grundmuster zirkulären Wirtschaftens vor, die innerhalb einer Branche aber auch branchenübergreifend realisiert werden können (siehe Abb. 2.7).

Für das zirkuläre Wertschöpfungsdesign ergeben die Archetypen in Verbindung mit den 10R Strategien einen ersten Überblick über das neu zu konzipierende Circular Economy System der spezifischen (Sub-)Branche. Die verdichteten Ergebnisse der Wertschöpfungsanalyse (Ermittlung der R-Strategien, Bestimmung der Zirkularitätsstrukturen bzw. Archetypen, Zuordnung der Strategien zu Prozess-Stufen, Identifikation fehlender Akteure und Leistungen) können für die strategische Positionierung, der Entwicklung des Geschäftsmodells und der schrittweisen unternehmensspezifischen Operationalisierung der Prozesse, Rollen und des Steuerungssystems verwendet werden.

	Beschreibung	Beispiele
1. Geschlossener globaler/lokaler/regionaler Kreislauf (Point of use / Manufacturing)	**Globale Kreisläufe** • End-of-Use-Produkte oder -Komponenten werden gesammelt und in die Länder zurückgeführt, in denen sie hergestellt wurden, um für die Produktion derselben oder ähnlicher Produkte verwendet zu werden, und zwar grösstenteils auf der Ebene der recycelten Materialien **Regionaler geschlossener Kreislauf** • Produkte werden meist in den Ländern beibehalten, in denen sie verwendet werden • End-of-Use-/gebrauchte Produkte werden gesammelt, regional überarbeitet/aufgearbeitet und auf lokalen Märkten verkauft	Ricoh gibt gebrauchte Kunststoffe zurück H&M Wiederverwendung von Fasern für Jeans Flugzeugtriebwerke zur Wiederverwendung Vertrieb von SAB Miller Flaschenbier Desso Teppichfliese im geschlossenen Kreislauf
2. Teilweise offener lokaler/regionaler Kreislauf (Point of use / Manufacturing)	• End-of-Use-Produkte oder -Komponenten werden gesammelt und an Produktionsstätten in denselben Regionen zurückgegeben, um für die Herstellung derselben oder ähnlicher Produkte verwendet zu werden	Aufarbeitung von Renault-Motoren und -Getrieben Reparatur von B&Q-Bohrmaschinen
3. Offene Kaskade (Point of use / Manufacturing)	• Bei einigen wertvollen Produkten werden End-of-Use-Materialien gesammelt und auf Sekundärmärkten verkauft	Brightstar Vertrieb von gebrauchten Mobiltelefonen I:CO Verkauf von gebrauchter Kleidung
4. Linear (Point of use / Manufacturing)	• End-of-Use-Produkte werden auf Mülldeponien oder in Verbrennungsanlagen der Länder entsorgt, in denen sie verbraucht werden	Relevant für 80% der in FMCGs verwendeten Materialien

Abb. 2.7 Circular Economy Archetypen (in Anlehnung an World Economic Forum, 2014)

Literatur

Bach, N., Brehm, C., Buchholz, W., & Petry, T. (2017). *Organisation: Gestaltung wertschöpfungsorientierter Architekturen.* Springer. https://doi.org/10.1007/978-3-658-17169-8

Circular Hub. (2022). Kreislaufwirtschaft. https://circularhub.ch/kreislaufwirtschaft. Zugegriffen: 25. Juli 2022.

Del Río, P., Kiefer, C. P., Carrillo-Hermosilla, J., & Könnöla, T. (2021). *The circular economy: Economic, managerial and policy implications.* Springer. https://doi.org/10.1007/978-3-030-74792-3.

Deloitte/Bdi. (2021). Zirkuläre Wirtschaft: Herausforderungen und Chancen für den Industriestandort Deutschland. https://bdi.eu/publikation/news/zirkulaere-wirtschaft-recycling-rohstoff-wiederverwertung-stoffkreislaeufe/. Zugegriffen: 25. Juli 2022.

Ellen MacArthur Foundation. (2012). Towards the Circular Economy: Economic and business rationale for an accelerated transition. https://www.werktrends.nl/app/uploads/2015/06/Rapport_McKinsey-Towards_A_Circular_Economy.pdf. Zugegriffen: 29. Juli 2022.

Govindan, K., & Hasanagic, M. (2018). A systematic review on drivers, barriers, and practices towards circular economy: A supply chain perspective. *International Journal of Production Research, 56*(1–2), 278–311. https://doi.org/10.1080/00207543.2017.1402141.

Kirchherr, J., Reike, D., & Hekkert, M. (2017). Conceptualizing the circular economy: An analysis of 114 definitions. *Resources, Conservation and Recycling, 127,* 221–232. https://doi.org/10.1016/j.resconrec.2017.09.005.

Korhonen, J., Honkasalo, A., & Seppälä, J. (2018). Circular economy: The concept and its limitations. *Ecological Economics, 143,* 37–46. https://doi.org/10.1016/j.ecolecon.2017.06.041.

Morseletto, P. (2020). Targets for a circular economy. *Resources, Conservation and Recycling, 153,* 104553. https://doi.org/10.1016/j.resconrec.2019.104553.

World Economic Forum. (2014). Towards the circular economy: Accelerating the scale-up across global supply chains. Prepared in collaboration with the Ellen MacArthur Foundation and McKinsey & Company. https://www3.weforum.org/docs/WEF_ENV_TowardsCircularEconomy_Report_2014.pdf. Zugegriffen: 24. Juli 2022.

Geschäftsmodellperspektive: Strategische Positionierung von zirkulären Geschäftsmodellen

Nachhaltige Geschäftsmodelle illustrieren den Ertragsmechanismus, wie eine Unternehmung Werte schafft. Dabei sind die Prinzipien der Nachhaltigkeit sowie die Entwicklungen und Trends im Umfeld mitzudenken. In der Folge werden die wirtschaftlichen, ökologischen und sozialen Bausteine eines nachhaltigen Geschäftsmodells vorgestellt.

Klassische Geschäftsmodelle beschreiben, aus ökonomischer Dimension betrachtet, das Vorgehen, wie eine Organisation ihr Geschäft betreibt und wie es damit Wert schafft. Osterwalder und Pigneur (2011) gründen dies auf drei Bausteingruppen: 1) Die Marktsicht („market view") nimmt die Außenbetrachtung auf. Hier geht es um die angezielten Kunden, bzw. Kundensegmente. Die Unternehmung beantwortet hier die Frage, wie Kundenbeziehungen gestaltet werden sollen, und wie und welche die Vertriebskanäle genutzt werden sollen. 2) Die Innensicht, bzw. auch Ressourcensicht („resource view") klärt die Zusammenarbeit mit relevanten Schlüsselpartnern, beleuchtet die Schlüsselaktivitäten mit den Kernprozessen und vertieft die Schlüsselressourcen (Personal, Infrastruktur mit Mobilien und Immobilien, Geistiges Eigentum, Know-how, Finanzen etc.). 3) Die Finanzsicht („financial view") geht auf die Aufwands- und Ertrags-, bzw. Kosten- und Einnahmenseite ein und trifft konkrete Aussagen, wie die Finanzströme in der Organisation gestaltet werden. Zentral für ein Geschäftsmodell ist das konkrete Wertversprechen des Unternehmens, wodurch dieses sich von den Wettbewerbern unterscheidet und durch ein formuliertes Wertversprechen profiliert. Unter dem Gesichtspunkt der Kreislaufwirtschaft und der Nachhaltigkeit müssen solche wirtschaftliche Geschäftsmodelle allerdings ergänzt werden. Das Mitdenken der oben genannten ökologischen Kreisläufe (vgl. Kap. 1 und 2), die Berücksichtigung weiterer Anspruchsgruppen wie Mitarbeitende, Lieferanten, Staat, Öffentlichkeit etc. sind zwingend. Ebenso fließen

M. H. G. Kraft et al., *Management der Kreislaufwirtschaft*, essentials, https://doi.org/10.1007/978-3-658-39225-3_3

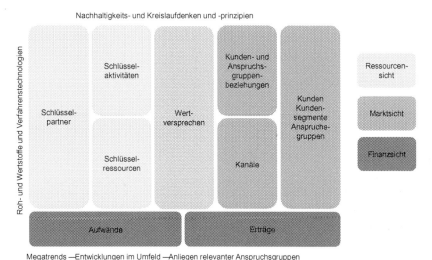

Abb. 3.1 Schematische Illustration von zirkulären Geschäftsmodellen (in Anlehnung an Osterwalder & Pigneur, 2011)

in nachhaltigen Geschäftsmodellen Megatrends (Urbanisierung, Gentrifizierung, Unsicherheit, Individualisierung etc.) sowie Entwicklungen der Branche sowie der jeweiligen Gesellschaft insgesamt ein (siehe Abb. 3.1).

Bei der strategischen Positionierung dreht es sich um die spezifische Schwerpunktsetzung und Ausgestaltung der Kunden-, Ressourcen- und Finanzsicht der Unternehmung und der Besetzung, was Kunden und relevante Stakeholder erkennen und wahrnehmen. Dabei stehen die Kernleistungen des Unternehmens im Zentrum. Für die einen sind die Produkte und Dienstleistungen, also die Ergebnisse und deren Eigenschaften (Struktur), maßgebend. Für andere sind die Prozesse entscheidend, wie dieser Mehrwert zustande gekommen ist, sprich wie entwickelt, konzipiert, produziert, wie das Leistungspotenzial nutzbar gemacht und wie das Ganze im Markt vertrieben wird (Hirzel, 2016).

Geschäftsmodelle-Typen und strategische Muster
Kortmann und Piller (2016) stellen ein integriertes Rahmenmodell mit neun strategischen Positionierungen vor. Sie unterscheiden auf der einen Seite die Positionierung entlang des Produktlebenszyklusses (Produktion – Verwendung/Verbrauch – Zirkulation). Hier betrachten sie die Produktionsergebnisse als solche sowie lineare sowie

Abb. 3.2 Geschäftsmodelltypen der Kreislaufwirtschaft (in Anlehnung an Kortmann & Piller, 2016)

zirkuläre Nutzung der Erzeugnisse. Auf der anderen Seite gehen sie auf die Offenheit des Geschäftsmodells ein. So kann ein Unternehmen Produkte alternativ und in Eigenregie, mit Partnern oder auch über Plattformen auf dem Markt anbieten (siehe Abb. 3.2).

Die Geschäftsmodelltypen der klassischen linearen Herstellerwelt sind: transaktionsorientierter Hersteller, co-kreative Hersteller, Hersteller-Plattform-Betreiber. Ergänzt ein Produzent seine Erzeugnisse um z. B. Wartungs- und Unterhaltsdienstleistungen sowie Selbstbedienungsalternativen, so sprechen die Autoren von einem serviceorientierten Hersteller. In diese Kategorie fallen beispielsweise Carglass oder Car2go. Werden weitere Partner, auch Kunden, in die Wertschöpfungskette einbezogen, so sprechen die Autoren von co-kreativen Dienstleistungspartnerschaften, wie sie etwa der niederländischer GPS-Dienstleister TomTom erbringt, wobei die Service-Abonnenten Echtzeit-Daten zu Verkehrsaufkommen, Wetter, Treibstoffpreise etc. sammeln und bereitstellen. Die Sharing-Plattform Moovel, eine Koperation zwischen Mercedes-Benz Mobility und BMW verbindet diese Verkehrs- und Mobilitäts-Informationen in analoger Weise und eröffnet mittels App weitere

Dienstleistungen ausgewählter Partner (Apple, Google, öffentliche Verkehrsbetriebe etc.). Wird der Kreislauf geschlossen, finden sich rückführungsorientierte Hersteller, Recycling-Allianzen sowie Zirkulationsplattformen. Next Closet, eine Wiederverkaufsplattform für Designermode, gehört zu letzterem Typus. Kunden können auf dieser Plattform gebrauchte Kleidung erwerben und verkaufen, während sich die Unternehmen um den Vertrieb durch Aufarbeitung, Fotografie, Styling und Werbung kümmern. Unverkäufliche Artikel werden schließlich für wohltätige Zwecke gespendet.

Atasu et al. (2021) betrachten die Geschäftsmodellierung verstärkt aus rechtlicher Sicht. Ihrer Meinung nach beantworten kreislauforientierte Unternehmen die Frage, welche Strategie zu den Ressourcen, Fähigkeiten und Wettbewerbsgegebenheiten des Unternehmens am besten passt. Sie stellen die drei grundlegenden Kreislaufstrategien, Produkteigentümer bleiben, Verlängerung der Nutzungsdauer sowie Design für Recycling vor. Das Unternehmen bleibt über die gesamte Lebensdauer rechtlicher Eigentümer und bietet Miet- und Leasingverträge an, was sich insbesondere bei komplexen Produkten mit einem hohen Restwert, z. B. Xerox's Drucker- und Kopiergeräte, oder einem hohen Markenwert, Designkleidung oder Luxusuhren, empfiehlt. Zeichnet sich das Produkt über eine längere Nutzungsdauer aus, eröffnen sich Chancen für den Gebrauchtwarenmarkt. Werden die Produkte bereits so designt, dass biologische und technische Rohstoffe für die spätere Wiederverwertung vorausgedacht sind, lässt sich die Nachhaltigkeit sichern. Adidas und Parley for the Ocean belegen dies, indem die Parley aus Plastikmüll Textilfäden herstellt, aus denen Adidas später Schuhe und Kleidung fertigt. Dies reduziert gleichzeitig die Reduktion des Kunststoffabfalls in den Weltmeeren. Basierend auf diesen drei strategischen Stoßrichtungen formulieren die Autoren die Kreislaufmatrix mit den zwei Dimensionen von Zugang und Verwertung (Abb. 3.3).

In den Quadranten rechts oben gehören Produkte mit einem hohen Verschleiß und somit einer kurzen Lebensdauer sowie geringen intrinsischen Wert. Es empfiehlt sich eine Kombination aus „Design für Recycling" sowie eine Verbindung mit einem Recyclingunternehmen, was Michelin und das Tochterunternehmen Lehigh Technologies für die Gummigranulatherstellung und Recycling nutzen. Ist die Verwertung schwierig, der Zugang einfach und der Restwert des Produkts hoch, wie beispielsweise bei Smartphones, zumal diese hoch integrierte Komponenten schwer extrahierbare, teils auch giftige Stoffe enthalten, kann die Strategie Design für Recycling von Vorteil sein. Beispielsweise offeriert Apple attraktive Eintauschangebote, um an Altgeräte zukommen und die Wertstoffe wie Kobalt, Zinn und Aluminium zurückzugewinnen. Ist der Zugang schwierig, die Verwertung einfach (Quadrant oben links) entscheidet die Höhe des Produktrestwerts, ob die Kombination aus Design für Recycling und Wiederverwertbarkeit mittels

Abb. 3.3 Kreislaufmatrix (in Anlehnung an Atasu et al., 2021)

Rücknahmeinfrastruktur infrage kommt. Bei hohem Restwert kann es für den Hersteller interessant sein, Leasingverträge einschließlich umfassender Servicepakete den Käufern anzubieten und weiterhin der Produkteigentümer zu bleiben. Der Baumaschinenhersteller Caterpillar bietet in diesem Zusammenhang das Cat-Remansowie das Cat-Certified-Rebuild-Programm an. Die Kunden können die Geräte und Maschinen wieder aufbereiten lassen. Die Produkte weise somit eine deutlich längere Nutzungsdauer auf. Außerdem offeriert Caterpillar weitere Kredit- und Leasingoptionen an. Im Quadranten unten links (Zugang und Verwertung sind einfach) finden sich Recyclingstrategien wie beispielsweise von Patagonia, wobei gebrauchte Patagonia-Kleidungsstücke eingesandt, repariert und über die Patagonia-Worn-Wear-Website wiederverkauft werden.

Analog zu den Ansätzen des Design Thinkings haben Takacs et al. (2020) sieben Schritte eines Kreislaufnavigators identifiziert. Sie untersuchten 200 Minifallstudien und entwickelten daraus 38 Kreislauf-Business Model Muster, die sie in vier Kategorien verdichteten (Tab. 3.1).

In der Kategorie «Close the Loop» finden sich Geschäftsmodellmuster, die auf eine Wiederverwendung des Produkts zielen. Die Kategorie «Improve the Loop» enthält Geschäftsmodellmuster, die einerseits die Lebensdauer verlängern und andererseits ungewünschte oder schädliche Wirkungen reduzieren und vermeiden. «Monetise the Loop» -Muster stellen innovative Geschäftsmodelle vor, die

Tab. 3.1 Zirkuläre Geschäftsmodellmuster (Takacs et al., 2020)

Close the Loop	Improve the Loop	Monetise the Loop	Excite the Loop
Produkt-Reuse	Verlängerte	Pay per Use	Serviceorientierung
Teile	Nutzungsdauer	Verleihmodelle	Angepasste
(Komponenten)-Reuse	Unterhalt & Wartung	Leistungsorientiertes	Produktion/Verkauf
Re- & Upscaling	Smarts Assets	Vertragsmanagement	Zirkulärer Luxus
Intelligenter	Öko-Effizienz	Abonnemente	Erlebniskauf
Zusammenbau &	Dematerialisierung	Miteigentum	Plattform
Modularisierung	Ökomaterialien &	Dynamische	Prosumer
Biodegradibilisierung	Beschaffung	Preisgestaltung	Öko-Lock-In
Abfall als Input	Gesteigerte	Gemeinsamer	Kommunikation
Rückwärtslogistik	Funktionalitäten	Umsatz	Verantwortung
	Lokalisierung	Crowdfunding	Sharing
	(Regionalisierung)	Rücknahme	Robin Hood
	Nachfrageorientierte		
	Produktion		
	Vermeidung giftiger		
	Substanzen/Rohstoffe		
	Energierückgewinnung		
	Erneuerbare Energien		

den Wert der Kreislaufmaßnahmen sicherstellen und kapitalisieren. Die Muster der Kategorie «Exite the Loop» setzen auf die Zusammenarbeit und Co-creation mit den Kunden als solche. Sie steigern das Kundenbewusstsein in Richtung der Nachhaltigkeit und verbessern die Kundenloyalität. Selbstverständlich lassen sich diese Geschäftsmodell-Muster auch untereinander kombinieren und mehrfach verbinden.

Ergänzend für die Betrachtung von nachhaltigen Geschäftsmodellen seien noch die 45 Geschäftsmodell-Muster von Lüdeke-Freund et al. (2020) vorgestellt, zumal diese den Blick über die wirtschaftliche Dimension hinauswerfen. Sie unterscheiden dabei sogenannte übergreifende Muster, prototypische Muster sowie modulare Muster. Tab. 3.2 zeigt elf Geschäftsmodellkategorien, die in Abb. 3.4 im «Muster-Dreieck» den drei grundlegenden Perspektiven von Ökonomie, Ökologie und Gesellschaft inhaltlich zugeordnet werden.

Tab. 3.2 Geschäftsmodellkategorien (in Anlehnung an Lüdeke-Freund et al., 2020)

Kategorie	Beschreibung
1	**Price & Revenue** Dieses Muster beschreibt, wie nachhaltige Geschäftsmodelle bepreist und wie Ertrag erwirtschaftet werden kann
2	**Financing** Dieses Muster zeigt verschiedene Wege auf, wie Eigen- und Fremdkapital für nachhaltige Geschäftsmodelle beschafft werden kann
3	**Ecodesign** Dieses Muster beschreibt Maßnahmen, Prozesse und Formen zur Verbesserung der ökologischen Leistungsfähigkeit von nachhaltigen Geschäftsmodellen auf
4	**Closing the Loop** Dieses Muster verbindet zirkuläre Material- und Energieströme in einem nachhaltigen Geschäftsmodell
5	**Supply Chain** Dieses Muster zeigt auf, wie Ressourcen beschafft und wie Zielmärkt bedient werden können
6	**Giving** Dieses Muster illustriert, wie mit Produkten und Dienstleistungen in Spendensituationen umgegangen werden kann
7	**Access Provision** Dieses Muster unterstützt bei der Marktentwicklung und Bearbeitung von vernachlässigten sozialen Gruppen
8	**Social Mission** Dieses Muster zeigt auf, wie soziale Gruppen zu produktiven Partnern aufgebaut werden und wie diese ihre Nachfragebedürfnisse entfalten können
9	**Service & Performance** Diese Muster stellt vor, wie ein Geschäftsmodell dematerialisiert werden kann, indem man physische Produkte in Funktionen, Dienstleistungen und Ergebnisse überführt
10	**Cooperative** Dieses Muster zeigt nachhaltige Geschäftsmodelle auf, wie weitere Anspruchsgruppen als Miteigentümer oder Mitunternehmer gewonnen werden können
11	**Community Platform** Dieses Muster zeigt auf, wie individuelle Ressourcen oder Eigentumsrechte von Allgemeingütern nachhaltig genutzt werden können

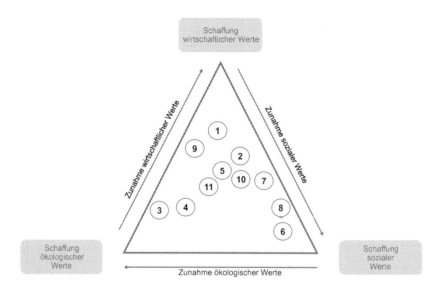

Abb. 3.4 Dreieck der Geschäftsmodellmuster (in Anlehnung an Lüdeke-Freund et al., 2020)

Literatur

Atasu, A., Dumas, C., & Van Wassenhove, L. N. (2021). The circular business model. Pick a strategy that fits your resources and capabilities. *Harvard Business Review from the Magazine* (July–August 2021). https://hbr.org/2021/07/the-circular-business-model. Zugegriffen: 9. Aug. 2022.

Hirzel, M. (2016). Strategie: Begriffe, Aspekte, Kontext. In M. Hirzel, H. Zub, & N. Dimmler (Hrsg.), *Strategische Positionierung* (S. 3–8). Springer Gabler. https://doi.org/10.1007/978-3-658-11906-5_1.

Kortmann, S., & Piller, F. (2016). Open business models and closed-loop value chains: Redefining the firm consumer relationship. *California Management Review, 58*(3), 88–108. https://doi.org/10.1525/cmr.2016.58.3.88.

Lüdeke-Freund, F., Breuer, H., & Massa, L. (2020). Sustainable business model design. *Workshop Thursday, 14,* 1–15. https://www.researchgate.net/profile/Florian-Luedek eFreund/publication/360450475_Sustainable_Business_Model_Design_45_Patterns/ links/627700863a23744a726d3a3a/Sustainable-Business-Model-Design-45-Patterns. pdf. Zugegriffen: 9. Aug. 2022.

Osterwalder, A., & Pigneur, Y. (2011). *Business Model Generation: Ein Handbuch für Visionäre*. Campus.

Takacs, F., Frankenberger, K., & Stechow, R. (2020). Circular ecosystems: Business model innovation for the circular economy. https://www.alexandria.unisg.ch/publicati ons/259076. Zugegriffen: 9. Aug. 2022.

Kundenperspektive: Gestaltung und Messung des Kundennutzens in der Kreislaufwirtschaft

4

Kundenansprüche haben sich in den letzten Jahren in Richtung Nachhaltigkeit verändert. Für die erfolgreiche Umsetzung zirkulärer Geschäftsmodelle spielt die Schaffung von materiellen und nicht-materiellen Kundennutzen eine entscheidende Rolle. Allerdings existieren nur wenige Studien, die sich mit dem Kundennutzen von Kreislaufangeboten beschäftigen. Um Präferenzen zu analysieren, wird daher ein Managementkompass vorgestellt. Dies erlaubt es den Unternehmen, die zirkulären Bedürfnisse der Kunden zu verstehen und organisatorische Handlungsoptionen abzuleiten.

Faire Bedingungen, kein Plastik und nur ein geringer CO_2-Fußabdruck: Seit 2014 nimmt die Akzeptanz und Nachfrage nach nachhaltigen Produkten in Europa kontinuierlich zu. Während im Jahr 2015 rund 66 % der Befragten (Nielsen Global Corporate Sustainability Report, 2015) eine Präferenz für nachhaltige Produkte angaben, haben im Jahr 2020 78 % der Personen (in der DACH-Region) ihr Konsumverhalten bewusst an Nachhaltigkeitskriterien angepasst. Konkret gab in der 2020 veröffentlichten repräsentativen Studie der Unternehmensberatung McKinsey & Company sogar fast jeder zweite Deutsche an, dass er bewusst Produkte auswählt, um einen nachhaltigen Beitrag zu leisten (McKinsey, 2020). Ebenfalls lohnt sich ein Blick auf den Umsatz von nachhaltig gehandelten Produkten. Lag der Umsatz mit Fair-Trade-Produkten im Jahr 2012 noch bei 533,06 Mio. EUR, so wurden im Jahr 2021 rund 2,1 Mrd. EUR für diese Produktgruppe ausgegeben. Der Markt für Nachhaltigkeit scheint für viele Unternehmen attraktiv zu sein, und die Tendenz ist steigend (Statista, 2022).

Trotz der vielversprechenden Aussichten in Bezug auf das Verbraucherverhalten (sowie in den politischen Maßnahmen zur Förderung der Nachhaltigkeit) wird deutlich, dass nicht nur die Bereitstellung nachhaltiger Produkte für den Erfolg entscheidend ist, sondern, dass eine Umstellung auf nachhaltige Produkt- und Dienstleistungsangebote speziell auf die Bedürfnisse der Kunden eingehen

M. H. G. Kraft et al., *Management der Kreislaufwirtschaft*, essentials, https://doi.org/10.1007/978-3-658-39225-3_4

muss (Mostaghel & Chirumalla, 2021, S. 36). Damit zirkuläre Geschäftsmodelle strategisch profitabel entwickelt und am Markt positioniert werden können, sollte ein Verständnis für die Kunden- bzw. Verbraucherpräferenzen in Bezug auf die Kreislaufprodukte oder -dienstleistungen aufgebaut werden (in diesem *essential* liegt daher der Fokus auf Endkunden im Sinne von Personen). Umso überraschender ist es, dass sich die Theorie der Kreislaufwirtschaft bisher kaum mit dem Nutzenversprechen der Kunden und den vielschichtigen Angeboten von Kreislaufmodellen beschäftigt hat. Dabei erfordert der Übergang vom traditionellen Besitz eines Produkts zum Kauf einer Kreislaufdienstleistung oft eine neue, positive Einstellung der Verbraucher und die Bereitschaft, vermeintlich alltägliche Konsum-Gewohnheiten zu ändern. Verbraucherstudien haben gezeigt, dass es einfacher ist, ein neues Verhalten zu übernehmen, wenn sie früheren Verhaltensweisen ähnelt oder einen bedeutenden Mehrwert für den Einzelnen darstellt. Um also einen entsprechenden Mehrwert im Vergleich zu konventionellen Produkten erzeugen und anbieten zu können, sollten Kreislaufprodukte im Wesentlichen einfach zu nutzen, zeitsparend, risikoarm und kostengünstig sein (Woodall, 2003, S. 20 ff.).

Bei zirkulären Angeboten fanden Aarikka-Stenroos et al. (2021) zudem heraus, dass die Relevanz der genannten Faktoren immer in Bezug auf die Produkteigenschaften (z. B. Neuheit) bewertet wird und diese im Kontext der Konsumenten (z. B. Einstellung) stehen. So sind neben dem Preisfaktor auch Merkmale wie Neuheit und die aktuelle Lebenssituation sowie die generelle Akzeptanz von zirkulären Angeboten durch den Verbraucher ausschlaggebend. Darüber hinaus zeigen die Autoren, dass die Beziehungsqualität zum Produkt die Präferenz zum Besitz im Vergleich zu anderen Optionen (wie Leasing oder Abonnements) beeinflusst. In diesem Sinne werden Produkte, die Verbraucher häufig benutzen und deren Besitz zur Erweiterung ihrer Persönlichkeit oder Identität beitragen, als attraktiv wahrgenommen. Abonnements von zirkulären Produkten bzw. Dienstleistungen haben es in dieser Hinsicht viel schwerer, ein Wertversprechen aufzubauen. Jemand, der zum Beispiel sein persönliches Lieblingssofa gefunden hat, wird es weder zurückgeben noch abonnieren.

Ein wesentlicher Einflussfaktor dieser beschriebenen Beziehungsqualität scheint zu sein, dass Menschen dazu neigen, den Besitz und damit die (psychologische) Kontrolle über ein Produkt zu bevorzugen. Diese psychologische Kontrollmöglichkeit ist von besonderer Bedeutung, wenn die Eigenschaften von Produkten besonders hoch bewertet werden. So neigen Verbraucher nach einer intensiven Suche oder auch bei der Bezahlung von hochpreisigen Produkten zu einer Kontrolle über das Produkt und damit zu einem Besitz. Bei Dienstleistungen besteht die Herausforderung darin, dass sie im Vergleich zu Produkten weniger zugänglich sind oder einen geringeren greifbaren Wert haben, sodass die Kostenstruktur und der wahrgenommene Nutzen nicht immer auf die gleiche Weise verstanden werden (Boyer et al., 2021). Es lässt sich feststellen, dass die Präferenzen für den Kauf und Konsum von Produkten nicht nur auf materiellen Eigenschaften beruhen können, sondern dass vor allem nicht-materielle Merkmale wie psychologische und soziale Aspekte entscheidend sind. Ausgehend von dieser These spielt die Ermittlung des Kundenwerts eine wichtige Rolle bei der Wertschöpfung und Vermarktung zirkulärer Angebote, bei denen ein spürbarer Mehrwert im Vergleich zu konventionellen Produkten realisiert werden muss.

In diesem Zusammenhang spielen vor allem Dienstleistungen bei der Gestaltung des Kundenwerts in der Kreislaufwirtschaft eine wichtige Rolle. Unabhängig davon, ob es sich beispielsweise um die R-Innovationen wie Recycling, Leasing, Leihen oder Teilen handelt, geht es aus Sicht der Unternehmen um die Entwicklung eines Dienstleistungsgeschäfts und der entsprechenden strategischen Positionierung im Geschäftsmodell (Aarikka-Stenroos et al., 2021). Um das Geschäftsmodell von einem Produkt auf ein zirkuläres Dienstleistungssystem (z. B. Product-as-a-Service) auszurichten, ist es wichtig, das bestehende Wertversprechen des Circular Customer (Kunden von Kreislaufangeboten) zu hinterfragen und die tatsächlichen Bedürfnisse des Kunden zu verstehen.

Grundsätzlich kann das Nutzenversprechen als ein duales Konzept verstanden werden, bei dem Unternehmen einerseits einen spürbaren Nutzen für den Kunden schaffen und andererseits ein entsprechendes Kundenengagement zur Erreichung der Unternehmensziele realisieren müssen (Woodall, 2003, S. 3 ff.). Die Schaffung von Kundennutzen ist jedoch ein komplexes Konstrukt, das über eine rationale Betrachtung der mit dem Produkt oder der Dienstleistung verbundenen Vorteile und der mit dem Kauf einer Lösung verbundenen Verpflichtungen bzw. Engagement hinausgeht. Der Nutzen ergibt sich dabei aus den praktischen und emotionalen Leistungen des Produktes oder der Dienstleistung, wohingegen das einzubringende Engagement sich aus kontextuellen Faktoren wie Zeit, Aufwand und Risiko zusammensetzt. In Bezug auf zirkuläre Angebote lässt sich der praktische wie auch emotionale Nutzen in die Bereiche: Wirtschaftlichkeit, Persönlichkeit und soziale Komponenten unterteilen. Wirtschaftliche Vorteile beschreiben Faktoren, die z. B. einem Kunden einen strategischen Vorteil bieten oder deren Einsatz einen Qualitätsvorteil hervorbringt. Daneben spiegeln persönliche Faktoren emotionale Eigenschaften wider, die z. B. beim Kauf von wiederaufbereiteten Produkten auftreten können.

Darüber hinaus lassen sich im Konsum immer auch soziale Merkmale erkennen, die sich aus Beziehungen zu anderen Personen ergeben, z. B. die Anerkennung durch die Verwendung bestimmter Güter, wie Markenprodukte, die einen Status verleihen. Der Besitz eines Autos beispielsweise galt lange Zeit als Statussymbol, während in der Sharing Economy genau dieser Symbolcharakter fehlt und von einer Reihe von Kunden als Hemmnis oder Vorbehalt empfunden wird (Woodall, 2003, 10 ff.). Neben den wahrgenommenen Vorteilen spielen aber auch die Verpflichtungen bzw. das Engagement in Bezug auf den Konsum und vor allem den Erwerb eine Rolle. Nach Woodall (2003) sind es vor allem situative Anreize, die beim Engagement eine Rolle spielen, wobei das Engagement in monetäre und nicht-monetäre Komponenten unterteilt werden kann. Folglich lässt sich festhalten, dass zirkuläre Angebote auf allen Ebenen (wirtschaftlich, persönlich und sozial) spürbare Nutzeffekte erzielen sollten.

Um Unternehmen zu unterstützen, zirkuläre Angebote im Hinblick auf ihr Wertversprechen zu messen und zu bewerten, hat Mouazan (2019) einen Kompass für den zirkulären Kundennutzen entwickelt, um die Stärke des Kundennutzens anhand verschiedener Wertdimensionen zu bestimmen und in den Wertschöpfungsprozess einzubeziehen. Ziel dieses Managementkompasses ist es, die Bedeutung von vier verschiedenen Wertdimensionen und 12 Kategorien zu validieren, um daraus eine Aussage über den Kundenwert abzuleiten und entsprechende Handlungsoptionen für dessen Gestaltung und Kundenintegration zu ermitteln. Dabei kombiniert und erweitert der Managementkompass vorhandenes Wissen aus dem Marketing und passt es an verschiedene Wertdimensionen von zirkulären Angeboten an. Zur Illustration werden die verschiedenen Wertdimensionen des Managementkompass in der Abb. 4.1 adaptiert und sinnlogisch dargestellt.

Der Managementkompass zum zirkulären Kundennutzen erfasst die Werte in den Bereichen: Funktionalität, Persönlichkeit, Sozialer Beziehungen und Wirtschaftlichkeit. Als Ergebnis werden spezifische Merkmale identifiziert, nach denen Unternehmen ihr Geschäftsmodell anpassen und im Hinblick auf den Kundennutzen positionieren können. Die Veranschaulichung der Operationalisierung der Wertdimensionen in organisatorische Handlungsmöglichkeiten werden in Tab. 4.1 die verschiedenen Kategorien anhand eines Geschäftsmodelltyps erläutert und ein Beispiel gegeben.

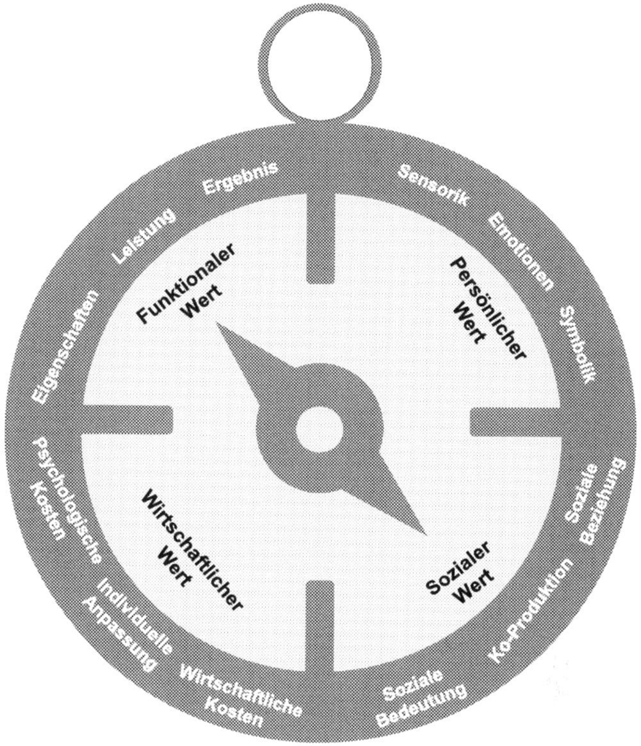

Abb. 4.1 Managementkompass zur Gestaltung von Kundennutzen in der Kreislaufwirtschaft. (Eigene Darstellung)

Tab. 4.1 Wertdimensionen des Kundennutzens zur Ableitung organisatorischer Handlungen

Wertdimension	Kategorie	Beschreibung	Beispiel zur Organisation des Geschäftsmodells
Funktionaler Wert	Eigenschaften	Qualität der Produkte; Haltbarkeit; Personalisierung; recycelbares Material	Angebot eines Textilproduktes hergestellt aus 100 % Bio-Baumwolle in Fairtrade-Qualität
	Leistungen	Energie-und Ressourcen-Effizienz; Zuverlässigkeit	Lösungsangebote zur Ressourceneffizienz zur Einsparung der Energieausgaben
	Ergebnis/Impact	Operative Vorteile; Effektivitätsgrad	Zirkuläres Produktangebot z. B. hergestellt aus recyceltem Material und ohne Abfall
Persönlicher Wert	Sensorik	Sinnlicher Aspekte, Ansprache und Gestaltung von sinnlichen Erfahrungen (Ästhetik, Haptik, etc.)	Verpackungsfreie Produkte werden angeboten damit Kunden eine sinnliche Verbindung zum Produkt aufbauen können, z. B. Lebensmittel
	Emotionen	Schafft angemessene Emotionen (Spiel, Vergnügen, Vertrauen, Solidarität)	Gestaltung von Produktgeschichten, die von und zwischen den Kunden geteilt werden können
	Symbolik	Angebot zur Selbstdarstellung (Identitätsbildung, Selbstkonzept)	Ein zirkuläres Produkt-/Dienstleistungsangebot mit starker nachhaltiger Wertorientierung z. B. Rucksack aus eingesammelten Meeresplastik

(Fortsetzung)

Tab. 4.1 (Fortsetzung)

Wertdimension	Kategorie	Beschreibung	Beispiel zur Organisation des Geschäftsmodells
Sozialer Wert	Soziale Bedeutung	Schaffung von sozialer Bedeutung durch Prestige, Status und Reputation	Angebot einer Abonnementdienstleistung für den Zugang zu den aktuellen Upcycling-Produkten im Sortiment
	Co-Produktion	Ermöglicht es den Kunden, eine proaktive Rolle bei der Herstellung des Produkts/der Dienstleistung zu spielen	Kunden stellen Ressourcen zur Verfügung und beteiligen sich am Herstellungs- oder Dienstleistungsprozess. Ein Beispiel könnte sein, dass der Kunde alte Möbel zur Verfügung stellt, die das Unternehmen erneuern soll
	Soziale Beziehung durch Plattformökonomie	Beziehungsaufbau durch gemeinschaftliche Nutzung von Produkten (z. B. Share Economy)	Entwicklung von Plattformen zur Gestaltung von Kundenbeziehungen und Kontaktpunkte
Wirtschaftlicher Wert	Wirtschaftliche Kosten	Wirtschaftlicher Wert des Angebots (geringe Kosten, Nutzungswert, Lebenshaltungskosten)	Ein Unternehmen bietet wiederaufbereitetes Produkt zu einem besseren Preis als ein neues Produkt

(Fortsetzung)

Tab. 4.1 (Fortsetzung)

Wertdimension	Kategorie	Beschreibung	Beispiel zur Organisation des Geschäftsmodells
	Psychologische Kosten	Minimierung psychologischer Investitionen der Nutzer (Benutzerfreundlichkeit, Einfachheit, Zugänglichkeit)	Ein individuell angepasstes Angebot, das die Bedürfnisse des Kunden hinsichtlich der Lebensdauer eines Produkts befriedigt und dem Kunden Zeit spart
	Individuelle Anpassung	Angebot von individualisierten Produkten und Dienstleistungen	Industrielle Lösungen mit modularen Funktionen für Kundenanforderungen

Literatur

Aarikka-Stenroos, L., Welathanthri, M. D., & Ranta, V. (2021). What is the customer value of the circular economy? Cross industry exploration of diverse values perceived by consumers and business Customers. *Sustainability, 13,* 13764. https://doi.org/10.3390/su1324 13764.

Boyer, R. H. W., Hunka, A. D., & Whalen, K. A. (2021). Consumer demand for circular products: identifying customer segments in the circular economy. *Sustainability, 2021*(13), 12348. https://doi.org/10.3390/su132212348.

Loopi. (o .J.). Häufige Fragen zum Kinderwagen Abo. https://www.loopi.ch/pages/faq. Zugeriffen: 20. Juli 2022.

McKinsey & Company. (2020). Corona-Pandemie verstärkt den Trend zu nachhaltigem Konsum. https://www.mckinsey.com/de/news/presse/2021-05-17-pm-nachhaltiger-konsum.

Mostaghel, R., & Chirumalla, K. (2021). Role of customers in circular business models. *Journal of Business Research, 127,* 35–44. https://doi.org/10.1016/j.jbusres.2020.12.053.

Mouazan, E. (2019). Managing circular business models: Essays on customer value creation, dynamic capabilities and value networks in the circular economy. S. 41–144. https://osuva.uwasa.fi/bitstream/handle/10024/10038/978952-476-9006.pdf?sequence=2&isAllowed=y. Zugegriffen: 10. Aug. 2022.

Nielsen Global Corporate Sustainability Report. (2015). The sustainability imperative – New insights on consumer expectations. https://www.nielsen.com/content/dam/nielsenglobal/dk/docs/globalsustainabilityreport-oct-2015.pdf. Zugegriffen: 18. Aug. 2022.

Statista. (2022). Umsatz mit Fairtrade-Produkten in Deutschland in den Jahren 1993 bis 2021. https://de.statista.com/statistik/daten/studie/226517/umfrage/fairtrade-umsatz-in-deutschland. Zugegriffen: 18. Aug. 2022.

Woodall, T. (2003). Conceptualising 'value for the customer': An attributional, structural and dispositional analysis. *Academy of Marketing Science Review, 12*(1), 1–42. http://www.amsreview.org/articles/woodall12-2003.pdf. Zugegriffen: 10. Aug. 2022.

Good Practices und zirkuläre Fallbeispiele

5

Die Transformation hin zu einer Kreislaufwirtschaft gewinnt auf der politischen und wirtschaftlichen Agenda zunehmend an Bedeutung. Für Unternehmen sind aber nicht nur Ressourcenfragen entscheidend, sondern auch Anpassungen des Geschäftsmodells und damit organisatorische Aspekte. Damit dies gelingt, bieten Good Practices eine ideale Orientierung, um von Erfahrungen profitieren zu können. Folglich werden einige Fallbeispiele vorgestellt, aus denen Erkenntnisse für vergleichbare Situationen gezogen werden können und die zu einem erfolgreichen Transformationsprojekt beitragen.

Fallbeispiel Renault – Zirkulärinitiative

Die Wertschöpfung der Automobilbranche ist traditionell als lineare Produktionskette organisiert und durch eine sehr hohe Materialintensität bestimmt. Das Endprodukt Automobil besteht im Durchschnitt aus 85 % Plastik und Metall, welches nach Ende der Produktlebenszeit im besten Fall recycelt wird. Seit den frühen 2000er Jahren hat Renault[1] seine Produktion schrittweise auf zirkuläre Prinzipien umgestellt. Exemplarisch werden im Folgenden drei Maßnahmen aus dem Spektrum zirkulären Wirtschaften des Unternehmens skizziert (World Economic Forum, 2014; Ellen MacArthur Foundation, 2012):

1. Wiederverwendung nicht mehr brauchbarer Materialien (Sicherheitsgurte, Sitzbezüge, Stoffmatten) aus der Automobilindustrie durch eigens entwickelt Stoffe und Produktionsverfahren. Mit einem gegenüber herkömmlichen Vergleichsprozessen um 60 % reduzierten Carbon Footprint werden die Stoffe aufbereitet und der Automobilproduktion zurückgeführt.

---

[1] Renault Group: Abrufbar unter https://www.renaultgroup.com/en/our-commitments/respect-for-the-environment/circular-economy/.

© Der/die Autor(en), exklusiv lizenziert an Springer Fachmedien Wiesbaden GmbH, ein Teil von Springer Nature 2022
M. H. G. Kraft et al., *Management der Kreislaufwirtschaft*, essentials, https://doi.org/10.1007/978-3-658-39225-3_5

2. Wiederverwendung und Aufbereitung technischer Komponenten aus schrott-
   reifen Automobilen. Renault betreibt eine eigene Reparaturwerkstatt mit 325
   Mitarbeitern in der die Komponenten aufbereitet und mit einem erheblichen
   Preisnachlass Reparaturwerkstätten zur Verfügung gestellt werden. Trotz hoher
   Arbeitsintensität und starken Preisnachlässen sind diese Prozesse profitabel
   aufgrund der niedrigen Kapitalintensität.
3. Umnutzung von Batterien von Elektroautos. Nach der Reduktion der Energieeffizienz (circa Jahre) der Autobatterien in der Primärnutzung werden diese
   als Cluster für die Speicherung erneuerbarer Energien, zum Beispiel auch
   Solaranlagen, einer anderen Verwendung zugeführt.

Lernerkenntnisse:

- Auch Recycling kann zirkular und effizient gestaltet werden durch smarte
  Prozesse und Prozessdesign.
- Branchenweite Kooperation (zum Beispiel Sammlung von Altmaterialien) ist
  ein sinnvoller Weg für die Skalierung der Zirkularität.
- Durch branchenübergreifende Kooperation ergeben sich neue, erweiterte Zirku-
  laritätspotentiale.

Fallbeispiel Solve – Circular Fashion System
Das Unternehmen Solve[2] ist ein Designstudio, das insbesondere soziale Innovationen mit nachhaltiger Wirkung zum Ziel hat. Durch smartes Design soll die
Produktnutzung verändert und nachhaltig gestaltet werden. Die bisher weitgehend
linear gestaltete Wertschöpfung der Modeindustrie verursacht enormen ökologischen Schaden durch die Produktion Logistik und Entsorgung ihrer Produkte. So
produziert die Industrie jährlich 53 Mio. t Stofffasern, von denen 87 % über Welt
Mülldeponien entsorgt werden und die Umwelt massiv belasten, zum Beispiel durch
die Freisetzung von Treibhausgasen.

Solve stellt sich dieser Herausforderung und hat sich zum Ziel gesetzt, 100 %
biologisch abbaubare Kollektionen zu entwerfen, die gleichzeitig den Konsum von
Modeartikeln drastisch reduzieren. Das Unternehmen entwarf mit der OMDANE
Kollektion ein Minimalset von drei Produktkomponenten, die aus nachhaltig gewe-
ten Fasern bestehen, welche sehr robust sind und ressourcenschonend produziert
werden. Die 3 Kleidungsstücke (Modelle) können zu mehr als 30 verschiedenen
Kleidungsstilen kombiniert werden, zum Beispiel Kleider, Blusen, Umhänge, Hosen
und verhindern den Konsum weiterer Kleidungsstücke (siehe Abb. 5.1). Zukünftige

---

[2] Solve: Abrufbar unter https://www.solve.studio.

Abb. 5.1 Modulares Refashion-Design

Benutzer wurden bereits in der Designphase in den Gestaltungsprozess einbezogen, um die emotionale Beteiligung und die bedarfsgerechte Gestaltung der Kollektion zu sichern.

In dem innovativen Projekt Refashion, das in Zusammenarbeit mit dem Lehrstuhl für Interaktions- und kommunikationsbasierte Systeme an der Universität St. Gallen durchgeführt wurde, hat sich das Forschungsteam von der OMDANNE-Kollektion inspirieren lassen und den Transformationsprozess vom Nutzer auf die Marke/den Hersteller übertragen. So haben wurden statt 3 Kleidungsstücken, die sich in 30 Styles verwandeln lassen (durch den Nutzer), 3 vorgefertigte multifunktionale Stoffblöcke konzipiert, die herstellerseitig ohne Stoffverlust in über 10 Stile umgewandelt werden können. So wurde ein Circular Fashion System entwickelt, das die Wiederverwendung von Stoffen steigert, Abfälle vermeidet und die Nutzungsdauer und Intensität der Produkte erhöht.

Lernerkenntnisse:

- Durch intelligentes, modulares Design lässt sich die Produktnutzung ressourcenschonend gestalten.
- Die Integration potenzieller Nutzergruppen verbessert die emotionale Bindung an das Produkt und damit die ressourcenschonende Nutzung.

Abb. 5.2 Units der zirkulären Tiny Houses

- Smarte IT-Lösungen und KI-Systeme können neue Möglichkeiten der Produkt-
  gestaltung schnell und ohne Materialverbrauch berechnen und bewerten.

Fallbeispiel Roger Graf – Circular Tiny Houses
Der Architekt Roger Graf[3] aus Altstätten in der Schweiz baut sogenannte
«tiny houses»/«tiny units» aus ausrangierten Schiffscontainern (siehe Abb. 5.2).
Seine Leitidee ist, verdichtetes Bauen, Nachhaltigkeit von Bau- und Rohstoffen,
architektonisch-technische Entwicklungsfreiheiten sowie gesellschaftliche Lebens-
und Arbeitsformen zu verbinden. Aus ausgemusterten Containern, die er aus Basel
in die Ostschweiz überführt, konzipiert er Wohnungs- und Gewerbeprojekte.

---

[3] Roger Graf: Abrufbar unter https://www.zwischennutzung-gaertnerei.ch/initianten.

Die Schiffscontainer erfahren einen neuen Verwendungszweck, indem sie als Mantel und Hülle sowie als Baueinheit das multiplizierbare Grundmodul darstellen. Sie werden erneut zum Leben erweckt, allerdings in einer höherwertigen und stets ergänzbaren Nutzungsform. Der Architekt setzt bei Projektierung, Planung, Ausbau und Ausstattung der Wohn- oder Gewerbeeinheit Wärmedämmung, Fenster, Türen, Treppen, Böden und weitere Baumaterial ein, die bereits irgendwo anders im Einsatz standen. So werden bei Rück- und Umbauten nicht mehr genutzte Materialien zurückgenommen und in das Containerprojekt einfügt. Es werden Fenster oder Eingangs-, Balkontüren (beispielsweise eines ehemaligen Hotels), die ansonsten in die Deponie wanderten, in die „tiny unit" eingefügt.

Besonders bemerkenswert ist, dass die „refurbished" Baumaterialien nicht nur in die neue „tiny-unit" eingebaut werden, sondern auch „remanufactured" werden. Sie werden ausgebessert, teils repariert und wiedergebraucht. Zudem ist vorausgedacht, dass, sollte der Nutzer das „Tiny Units" selbst nicht mehr benötigen oder umnutzen wollen, diese erneut in einzelne Module zerlegt und einen weiteren „reuse" erfahren können.

Roger Graf setzt auf die Zusammenarbeit mit lokalen Netzwerkpartnern, die die elektrotechnische, sanitäre sowie energetische, aber auch intergenerationale, soziale Themenfelder abdecken. „Umdenken braucht Zeit – wir müssen Zwischennutzungen mitgestalten", prägt die Philosophie dieses Nachhaltigkeits-Innovators.

Lernerkenntnisse:

- Anstelle von Deponie und Verschrottung ausrangierter Frachtcontainer – «upscaling»/Aufwertung und Neuverwendung als Gebäudehülle.
- Anstelle der Wertstoffverwertung und Verbrennung von gebrauchten Fenster- und Türelementen – «remanufacturing» in neuen Anwendungskonstellationen.
- Anstelle der Zertrümmerung von Keramikwannen, Toilettenschlüsseln und Entsorgung in Inertstoffdeponien – «refurbishing» von Elementen zur erneuten Nutzung.
- Anstelle der thermischen Verwertung von Holz- und Dämmungsmaterialien – «reuse» in der Isolation und Wärmedämmung in der Fassade.
- Anstelle einer globalen Beschaffung von Ressourcen und weltweiter Logistik – «cross-sectoral co-operation» in lokalen Netzwerken und Expertenwerkstätten.

Fallbeispiel loopi – Kinderwagen Abonnement

Da ein einziger Kinderwagen selten alle Bedürfnisse einer Familie erfüllt, während ein Kind wächst, kauft eine von vier Familien in der Schweiz mehr als drei

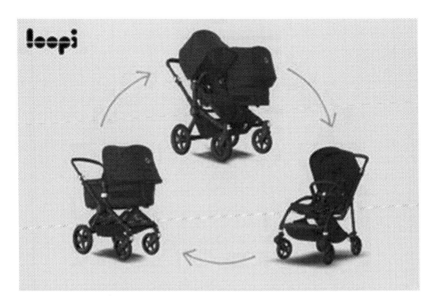

Abb. 5.3 Zirkuläre Kinderwagen bei loopi

Kinderwagen. Als Lösung bietet loopi[4] einen Kinderwagen-Service in Form eines Abonnements an. Eltern wählen hierbei den gewünschten Kinderwagen aus, nutzen ihn wie gewohnt und senden ihn ganz unkompliziert zurück, wenn sie das Modell austauschen oder den Kinderwagen zurückgeben wollen (siehe Abb. 5.3). Eine bequeme, flexible und nachhaltige Lösung für Familien von heute und morgen.

Im Kreislaufwirtschafts Modell «Product-as-a-Service» werden Produkte nicht mehr verkauft, sondern als Servicepaket angeboten. Kunden bezahlen für die Nutzung & den Service und erhalten im Gegenzug Zugang zu den gewünschten, hochwertigen und austauschbaren Produkten. Durch das flexible Abo haben KundInnen immer genau das was sie brauchen nur dann wann sie es brauchen.

Auf diese Weise schafft loopi nicht nur ein symbolisches Wertversprechen, sondern auch wirtschaftliche Vorteile, die gleichzeitig die psychologischen Kosten durch das Abonnement reduzieren. Außerdem bindet loopi HerstellerInnen in die Wertschöpfungskette mit ein. Sie bleiben EigentümerInnen ihrer Ware, während loopi sie im Service vertreibt. Beide sind am Gewinn beteiligt. Das Ziel von loopi

---

[4] loopi: Abrufbar unter https://www.loopi.ch/.

ist es als Leuchtturmprojekt zu zeigen, wie der Übergang in die Kreislaufwirtschaft in der Praxis gelingen kann.

Lernerkenntnisse:

- Die Kreislaufwirtschaft im Bereich Kinderausstattung bietet eine vielverspre-chende Alternative zum derzeitigen, linearen Wirtschaftssystem „Herstellen-Besitzen-Wegwerfen".
- Das Kreislaufwirtschafts-Modell «Product-as-a-Service» verändert die Art und Weise, wie Produkte heute konsumiert werden. Durch das Abonnieren statt Kaufen werden Produkte gemeinsam länger genutzt, gewartet und repariert, statt weggeworfen.
- Im linearen Wirtschaftssystem wachsen Unternehmen durch die Steigerung ihrer Absatzzahlen der in ihrer Lebzeit limitierten Produkte. Durch das Einbinden von Herstellerinnen in die Wertschöpfungskette und in ein „Product-as-a-Service" System erhalten Unternehmen wirtschaftliche Anreize ihre Produkte langlebig, reparierbar und recyclebar zu gestalten.

Fallbeispiel AIRPAQ – Upcycling Rucksack
Als Studienprojekt des Studiengangs ‚Strategic Entrepreneurship' angestoßen, ent-stand dieses Upcycling-Startup in Köln. Die beiden Studienfreunde, Adrian Goosses und Michael Widmann gingen auf einen Schrottplatz, um Inspirationen zu sammeln. Sie entdeckten einen Airbag und waren von der Haptik des hochwertigen Materials begeistert. «Daraus einen Rucksack herstellen», dachten sie sich und die Idee für AIRPAQ war geboren.

AIRPAQ[5] verarbeitet Airbag- und Sitzgurt-Ausschussware eines großen Her-stellers für automobile Sicherheitssysteme sowie Gurtschlösser von Schrottplätzen und erstellt daraus diverse Rucksack-Modelle und Accessoires (siehe Abb. 5.4). Aus Schnittresten stellen sie Bauchtaschen und Fliegen mit passenden Einstecktüchern her.

Alle produktionsrelevanten Partner (Näherei, Färberei, Produzent automobiler Sicherheitssysteme) liegen nur wenige Kilometer voneinander entfernt in Rumä-nien. Das bedeutet kurze Liefer- und Transportwege. Zum Färben der Stoffe verwenden sie nur Öko-Tex zertifizierte Farben. Die Entsorgung des Abwas-sers erfolgt höchst umweltschonend durch die eigene Kläranlage der Färberei. Gebrauchte Rucksäcke nehmen sie zurück und verwerten sie zu neuen Produkten.

---

[5] AIRPAQ: Abrufbar unter https://www.airpaq.de.

Abb. 5.4 AIRPAQ

«Unser Ziel ist es, Produkte zu entwickeln, die unsere Kunden ökologisch, ethisch und ästhetisch überzeugen» (Widmann, 2022)[6].

     Lernerkenntnisse:

---

[6] Widmann (2022): Unsere Geschichte – Wie alles begann. Abrufbar unter: https://www.air paq.de/pages/unsere-geschichte.

- Die AIRPAQ-Produkte werden unter fairen Arbeitsbedingungen und nach EU-Norm gefertigt.
- Alle Haupt-Rohstoffe werden am gleichen Ort gesammelt und weiterverarbeitet. Das spart Ressourcen und belastet unsere Umwelt nicht zusätzlich.
- Zum Färben der Stoffe werden nur Öko-Tex zertifizierte Farben verwendet. Die Entsorgung des Abwassers erfolgt höchst umweltschonend durch die eigene Kläranlage der Färberei.
- Die für die Automobilindustrie nicht mehr verwertbaren Materialien, die auf dem Müll landen würden, werden so zurück in den Upcycling-Kreislauf gebracht.

Literatur

Ellen MacArthur Foundation. (2012). Towards the circular economy: Economic and business rationale for an accelerated transition. https://www.werktrends.nl/app/uploads/2015/06/Rapport_McKinsey Towards_A_Circular_Economy.pdf. Zugegriffen: 29. Juli 2022.

Widmann, M. (2022). Unsere Geschichte – Wie alles begann. https://www.airpaq.de/pages/unsere-geschichte. Zugegriffen: 16. Aug. 2022.

World Economic Forum. (2014). Towards the circular economy: Accelerating the scale-up across global supply chains. Prepared in collaboration with the Ellen MacArthur Foundation and McKinsey & Company. https://www3.weforum.org/docs/WEF_ENV_Toward sCircularEconomy_Report_2014.pdf. Zugegriffen: 24. Juli 2022.

Was Sie aus diesem *essential* mitnehmen können

- Zu den wichtigsten Treibern der Kreislaufwirtschaft gehören die aktuellen Veränderungen der Kundenbedürfnisse, die Verfügbarkeit von Ressourcen, die technologischen Einsatzmöglichkeiten sowie die staatlichen und politischen Rahmenbedingungen.
- Das Thema der Kreislaufwirtschaft kann und muss in Systemen gedacht und in Wertschöpfungsprozessen angegangen werden.
- Es existieren mehrere Kreislaufwirtschaftspotentiale als Recycling, die im Hinblick auf das Geschäftsmodell ausgewählt und am Markt strategisch positioniert werden können.
- Die Gestaltung von zirkulären Angeboten erfordert ein Verständnis von zirkulärem Kundennutzen.

M. H. G. Kraft et al., *Management der Kreislaufwirtschaft*, essentials, https://doi.org/10.1007/978-3-658-39225-3

Printed in the United States
by Baker & Taylor Publisher Services